Tremplin

Tle STMG

Ressources humaines et communication

Enseignement spécifique

Adeline Buton Professeure d'économie-gestion, lycée Léonard de Vinci, Amboise
Céline Castillo-Barral-Baron Professeure d'économie-gestion, lycée Condorcet, Saint-Priest
Hélène Dehelly-Trouvé Professeure d'économie-gestion, lycée Paul-Louis Courier, Tours
Marie Duval Professeure agrégée d'économie-gestion, lycée Georges de la Tour, Nancy
Hamza Merabet Professeur d'économie-gestion, lycée Jacques Feyder, Épinay-sur-Seine
Paul Nicoulin Professeur d'économie-gestion, lycée Darius Milhaud, Le Kremlin-Bicêtre
Marie-Anne Renault-Brard Professeure de chaire supérieure, classe préparatoire ECT – Pôle Sup de La Salle, Rennes

FOUCHER

Sommaire

\# Panorama
Sommaire interactif Genially
foucherconnect.fr/21rhc73

THÈME 1

THÈME 2

THÈME 3

ISBN 978-2-216-16232-1

ZOOM SUR LES RESSOURCES NUMÉRIQUES

Tout au long de l'ouvrage, des QR codes à flasher vous donnent accès à de nombreuses ressources.

→ Des vidéos pour varier les approches et animer le cours

- Une vidéo pour lancer la thématique du chapitre

DÉCOUVRIR EN VIDÉO
La motivation chez Google
- 2,06 min
foucherconnect.fr/21rhc47

- Des vidéos pour prolonger ou approfondir certains documents

vidéo
Anticiper les mutations avec la GPEC - 1,18 min
foucherconnect.fr/21rhc64

→ 3 minutes pour retenir, une synthèse élève sous toutes ses formes : un podcast, une animation vidéo et une courte synthèse rédigée

→ Des quiz pour évaluer ses acquis

3 minutes pour s'évaluer
foucherconnect.fr/21rhc51

→ En fin d'ouvrage, des fiches claires et concises assorties de conseils, astuces et vidéos pour vous accompagner à toutes les étapes de l'épreuve du Grand Oral.

→ Daniel Murgui-Tomas vous coache dans des vidéos courtes et efficaces !

Mode d'emploi

foucherconnect.fr

Votre manuel Foucher s'enrichit de ressources numériques

Lorsque je rencontre un pictogramme ressource au fil des pages :

#
foucherconnect.fr/21rhc01

1. Je vais sur www.foucherconnect.fr
J'enregistre cette page dans mes favoris pour les prochaines fois.
2. Je saisis **le code de la ressource** indiqué dans le pictogramme.
3. **Je visualise** ma ressource.

Des FLASHCODES permettent aussi d'accéder aux ressources depuis un smartphone

SOMMAIRE DES VIDÉOS

Tout au long de l'ouvrage, de nombreuses vidéos pour varier les supports et enrichir les connaissances.

vidéos

1 Les besoins en compétences

DÉCOUVRIR EN VIDÉO
Le drone au service des métiers de l'environnement - 2,09 min
foucherconnect.fr/21rhc63

L'entreprise Les Ailes de Camaret souhaite se développer

Étienne et Malo, deux pilotes de drones, codirigent Les Ailes de Camaret, une SARL spécialisée dans la réalisation de photos et de vidéos aériennes. Initialement positionnée sur des événements privés (mariages, manifestations sportives et associatives, etc.), l'entreprise est aujourd'hui très demandée sur des missions de plus en plus techniques : chantiers BTP, surveillance d'éoliennes, etc. L'effectif et les compétences de l'entreprise doivent donc évoluer.

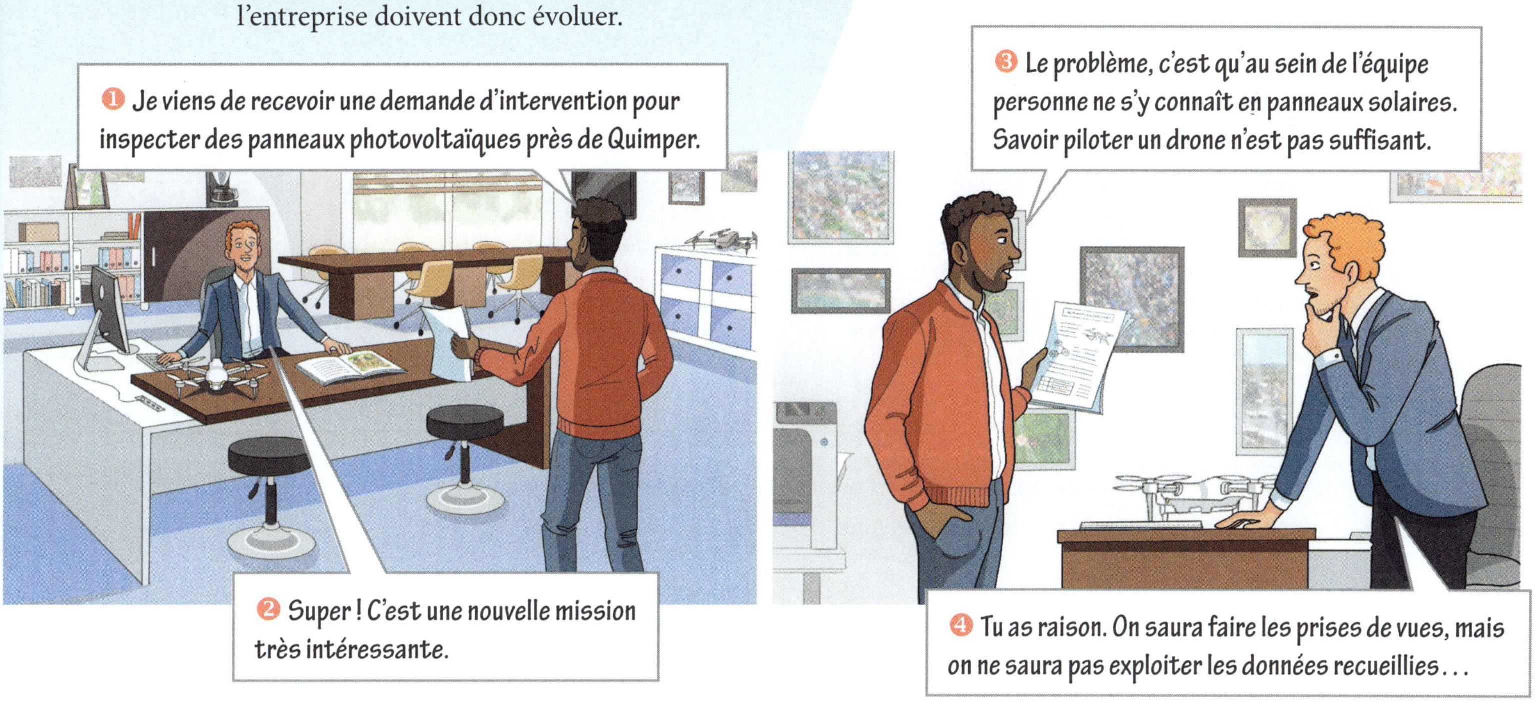

> **À quelles difficultés et besoins Étienne et Malo sont-ils confrontés ?**

....

....

....

> **Que doivent-ils mettre en œuvre pour accepter et réaliser une telle mission ?**

....

....

....

Passerelles

- 1re SDGN - Gestion prévisionnelle des emplois et des compétences (GPEC)
  - Besoins de recrutement

CAPACITÉ × Identifier comment l'organisation traduit ses besoins opérationnels en compétences

Notions

Compétences et qualification + potentiel et parcours professionnel + GPEC

1 L'identification des compétences et des qualifications

Étienne et Malo sont convaincus que le suivi des panneaux photovoltaïques est un marché à conquérir. Ils envisagent donc de recruter une personne capable de filmer et d'analyser ces données très techniques. Ils doivent pour cela identifier les qualifications et les compétences nécessaires. Un rendez-vous a été planifié avec un conseiller Pôle emploi qui va les aider à rédiger la fiche de poste.

DOC 1 Entretien à propos des qualifications et des compétences du pilote à recruter

Conseiller : Le métier de pilote de drone est récent et je ne connais pas parfaitement ses missions. Pouvez-vous m'éclairer à ce sujet ?

Étienne : Effectivement, pour beaucoup, les drones font figure de jouets, mais, pour être pilote professionnel, il ne suffit pas de savoir télécommander.

Malo : Les missions varient un peu en fonction du secteur d'activité, mais certaines sont incontournables : le pilote doit savoir définir avec précisions les attentes du client, contrôler les conditions météorologiques et demander les autorisations de vol.

Conseiller : Donc je note qu'il y a une dimension commerciale et administrative à prendre en compte, car le métier ne se limite pas à réaliser des prises de vues de qualité.

Étienne : Oui, c'est essentiel de bien préparer le plan de vol. Par ailleurs, lors des vols, le pilote doit assurer la sécurité des biens et des personnes et être en contact avec les centres de contrôle aérien.

Conseiller : Et pour la maintenance des appareils, est-ce que vous travaillez avec un professionnel spécialisé dans ce type d'appareils ?

Malo : Parfois, mais le pilote doit être capable d'assurer la maintenance technique de son appareil.

Conseiller : Il est donc important d'indiquer dans la fiche de poste les compétences techniques et mécaniques recherchées.

Étienne : Le pilote est bien sûr un technicien. Il devra aussi être capable d'utiliser les logiciels professionnels en rapport avec le domaine d'activité et d'analyser les données.

1 Soulignez dans l'extrait ci-dessus les missions principales d'un pilote de drone.

2 Expliquez pourquoi il est essentiel pour Les Ailes de Camaret d'identifier ces missions.

3 Précisez si, selon vous, ces missions sont susceptibles d'évoluer dans le temps et pourquoi.

DOC 2 La réglementation européenne sur les drones

Le pilote de drone professionnel doit déclarer, entre autres, son activité et ses drones à la DGAC (Direction générale de l'aviation civile rattachée au ministère de la Transition écologique et solidaire) et souscrire une assurance professionnelle. Il doit surtout obtenir un brevet de pilote de drone délivré par la DGAC. Cette qualification est régulièrement revue et mise à jour, notamment dans le cadre de la création d'un marché européen avec des règles harmonisées pour les exploitants et les constructeurs de drones.

© Foucher

4 Identifiez la nature de la qualification évoquée ci-dessus et l'organisme qui la délivre.

5 Indiquez pourquoi une telle qualification est obligatoire à l'exercice du métier de pilote de drone.

DOC 3 Les *soft skills*

Les entreprises sont confrontées à de nombreuses mutations : transformation rapide des métiers, renouvellement perpétuel des compétences attendues, évolution des méthodes de travail, etc. Pour s'adapter à ces mutations, les *soft skills* (ou « compétences douces ») sont de véritables atouts : créativité, esprit critique, aptitude à transmettre des savoirs, capacité à coopérer, curiosité, habilité à communiquer, bonne gestion du stress, etc. Les *soft skills* sont de plus en plus recherchées dans les entreprises. Ensemble de compétences « non techniques », ces qualités relationnelles et émotionnelles (savoir-être) complètent les *hard skills* (savoir et savoir-faire).

© Foucher

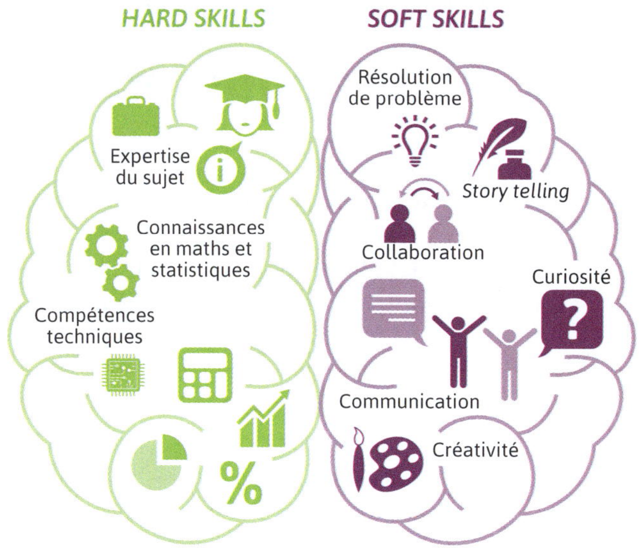

6 Indiquez si les compétences suivantes sont des *hard skills* ou des *soft skills*.

Compétences	*Hard skills*	*Soft skills*
Sens du service		
Connaissance des différentes classes d'espaces aériens		
Résolution de problème		
Intelligence émotionnelle		
Connaissance des obligations de marquage au sol		
Empathie		
Connaissance des obligations et devoirs en termes d'assurance		
Audace		
Sens du collectif		
Connaissances relatives aux conditions d'équilibre		
Savoir utiliser différents modes de pilotage (manuel, stabilisé, en position GPS)		

DOC 4 Qualités du pilote de drone

Le métier de pilote de drone se développe rapidement et certaines qualités sont nécessaires pour l'exercer. Avoir un excellent sens de l'orientation semble évident, mais cela ne suffit pas. Précision, rigueur et expérience de vol sont aussi des qualités recherchées, car il faut en permanence être capable d'appréhender les contraintes de sécurité, de prévenir les pannes, etc. Pour exercer ce métier, il faut aussi être autonome et savoir prendre des initiatives. En effet, le pilote de drone travaille souvent seul ; il doit donc pouvoir accomplir sa mission sans l'aide de ses collègues, de ses supérieurs hiérarchiques ou de ses clients. Pour autant, il doit savoir développer des qualités d'écoute et de communication. En effet, il faut être attentif pour comprendre la demande du client et être capable d'identifier les images et/ou données en cohérence avec ses attentes.

© Foucher

7 Soulignez dans le doc 4 les différentes compétences comportementales (*soft skills*) que le futur collaborateur devra maîtriser.

8 Surlignez les affirmations correctes.

- Il est possible de développer les *soft skills*.
- Le recrutement est la seule possibilité pour une entreprise d'acquérir de nouvelles compétences.
- Les *hard skills* sont toujours validés par un diplôme.
- Les *soft skills* peuvent améliorer la performance de l'entreprise.
- Les *hard skills* peuvent évoluer dans le temps.

2 La gestion prévisionnelle des emplois et des compétences (GPEC)

> Le projet de suivi des panneaux photovoltaïques est l'occasion pour Étienne et Malo de faire le point sur l'effectif et les compétences nécessaires au développement de l'entreprise. Celle-ci ne compte que dix-sept salariés et n'est donc pas soumise à l'obligation triennale de négociation dans le cadre de la GPEC. Pourtant, la mise en place d'une telle démarche semble nécessaire.

DOC 5 Stratégie de développement des Ailes de Camaret

Étienne : Il faut vraiment qu'on réfléchisse à la structure de notre effectif. Cette année, nous avons recruté deux pilotes pour faire face à l'augmentation de l'activité, mais, pour se développer, il faut aussi se positionner sur de nouveaux marchés, comme celui des panneaux photovoltaïques.
Malo : Tu as raison, mais ce n'est pas moi qui vais t'aider à trouver de nouveaux clients. Je n'ai aucune compétence commerciale. Mon domaine, c'est la maintenance des appareils.
Étienne : Je sais, mais je ne peux plus assurer seul la prospection commerciale. D'ailleurs, je n'ai pas les compétences nécessaires pour des marchés très techniques. Sans compter que Claude doit partir en retraite dans deux ans.
Malo : Effectivement, cela posera un vrai problème, car c'est lui qui maîtrise les devis et les chiffrages.

 # vidéo
Anticiper les mutations avec la GPEC - 1,18 min
foucherconnect.fr/21rhc64

RHC NEWS
85 % des emplois de 2030 n'existent pas encore. Intelligence artificielle ou robotique vont transformer en profondeur les métiers existants et en créer de nouveaux dont on peine encore à dessiner les contours, comme les éthiciens (bioéthique) ou les psydesigners (IA).

1 Identifiez les problèmes auxquels l'entreprise est confrontée.

....

....

....

2 Identifiez les mouvements récents et à venir dont l'entreprise doit tenir compte.

Motifs	Mouvement (entrée ou départ)
Nouveau marché : panneaux photovoltaïques	Entrée
....	....
....	....
....	....

3 Associez chacune des situations suivantes au besoin qui convient.

Situations		Besoins
Départ à la retraite à remplacer •		
Création d'un nouveau service •		• Besoin à court terme
Nouvelle technologie à maîtriser •		
Augmentation saisonnière de l'activité •		
Remplacement après la démission d'un collaborateur •		• Besoin à long terme
Congé maternité •		

4 Complétez la frise afin de reconstituer le processus de la GPEC que pourraient mettre en place Étienne et Malo.

① Définition d'un plan d'actions – ② Diagnostic des emplois et des compétences – ③ Identification des écarts – ④ Mise en place de la GPEC – ⑤ Évaluation des résultats.

....	....	....	....	....

3 Le potentiel et le parcours professionnel

« Étienne et Malo doivent faire coïncider l'effectif et les compétences de l'entreprise avec la stratégie de croissance envisagée. L'urgence réside dans la création de deux postes dédiés à l'inspection des panneaux solaires. Étienne et Malo se demandent si l'un de ces postes ne pourrait être pourvu en interne et confié à Gaëtane, une pilote chevronnée.

DOC 6 Observatoire des emplois : pilote spécialité panneaux solaires (Extrait)

Compétences transversales	Niveau exigé	Description
Communication écrite et orale	① ② ③ ❹ ⑤	S'exprimer de façon courante sur des sujets techniques, rédiger des documents commerciaux et réglementaires.
Gestion du matériel	① ② ③ ④ ❺	Élaborer le planning de maintenance du matériel, gérer la sécurité, résoudre les pannes rapidement.
Compétences spécifiques	**Niveau exigé**	**Description**
Gestion des caméras thermiques	① ② ③ ④ ❺	Effectuer des thermographies aériennes : repérer un panneau défectueux, déceler une cellule trop chaude...

 # vidéo
L'émergence de nouveaux métiers - 1,44 min
foucherconnect.fr/21rhc65

1 Expliquez pourquoi tous les pilotes de drones ne peuvent pas assurer la mission d'inspection de panneaux photovoltaïques.

....

....

2 Surlignez dans la liste ci-dessous les conditions nécessaires pour qu'Étienne et Malo puissent confier l'inspection des panneaux solaires à Gaëtane.

- Attendre qu'elle en fasse la demande.
- Avoir identifié un potentiel professionnel.
- Demander une autorisation administrative.
- Mettre en place une formation pour acquérir les compétences nécessaires.
- Tenir compte de son ancienneté dans l'entreprise.

DOC 7 L'évaluation du potentiel

Le potentiel d'un collaborateur correspond à sa capacité à acquérir et/ou à développer de nouvelles compétences.
Il s'agit ici d'évaluer des ressources et/ou compétences d'un individu qui ne sont pas mobilisées actuellement. Cela doit permettre d'anticiper une évolution et d'envisager le collaborateur dans des fonctions nouvelles qui nécessitent de nouvelles compétences.

© Foucher

Compétences (mobilisées) + Potentiel (virtuel)
=
TALENT (mobilisable)

3 Identifiez les raisons pour lesquelles il est important de détecter le potentiel des collaborateurs.

....

....

4 Indiquez si les critères suivants permettent d'évaluer le potentiel d'un salarié.

Critères	Oui	Non
Aptitudes intellectuelles et émotionnelles : facilité d'adaptation, d'apprentissage...		
Capacité à réaliser correctement les missions confiées.		
Personnalité affirmée et ouverte : aptitude à travailler en équipe, dynamisme...		
Envie de s'impliquer et de progresser.		
Maîtrise des outils informatiques.		

Afin de décider si Gaëtane a réellement le potentiel nécessaire pour se charger de l'inspection des panneaux solaires, Étienne et Malo l'invitent à échanger sur son parcours professionnel.

DOC 8 La gestion des parcours professionnels

Le parcours professionnel représente l'ensemble des situations et des évolutions qu'un collaborateur connaît au cours de sa carrière, au sein d'une ou plusieurs entreprises. Ce parcours professionnel est donc une succession d'emplois, de métiers, qui permet à un collaborateur de développer ses compétences (spécifiques, générales et transversales) tout au long de sa vie professionnelle.

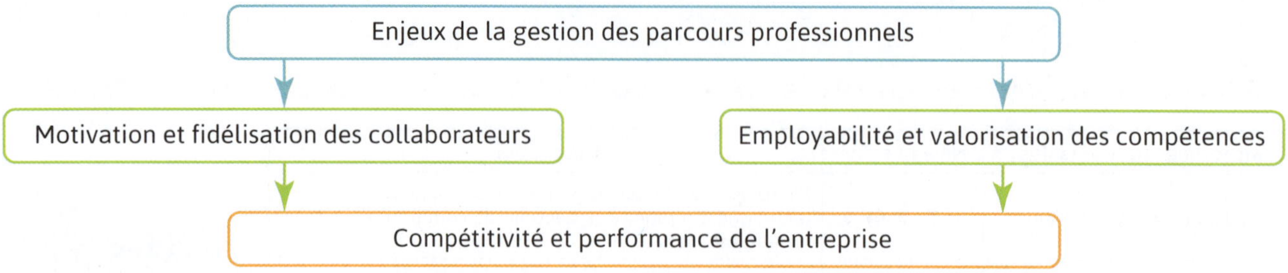

© Foucher

5 Identifiez les événements qu'un collaborateur peut inclure dans son parcours professionnel.

....

....

....

6 Précisez si les deux pilotes chargés de l'inspection des panneaux photovoltaïques doivent avoir le même parcours professionnel.

....

....

DOC 9 Parcours professionnel de Gaëtane

Étienne : Explique-nous pourquoi, après l'obtention de ton diplôme de géomètre en 2015, tu es partie un an faire des fouilles archéologiques pour le musée de l'Acropole à Athènes.

Gaëtane : C'était effectivement ma première expérience de terrain en tant que géomètre. Je souhaitais mettre en pratique mes connaissances topographiques et d'analyse de données dans un contexte historique.

Malo : Cette expérience très riche a dû te permettre de développer des compétences nouvelles.

Gaëtane : Oui, plusieurs. Travailler dans un autre pays suppose d'être capable de s'adapter à une autre culture, à d'autres technologies, notamment pour le traitement informatique des données et des images satellites. C'est d'ailleurs dans ce cadre que j'ai pu passer mon brevet de pilote de drones.

Étienne : Puis, en rentrant, tu as travaillé pour Les Bâtiments de France, où tu intègres un bureau d'études. Pourquoi être partie au bout de trois ans ?

Gaëtane : Je suis curieuse et suffisamment autonome pour gérer seule des dossiers plus complexes. J'avais envie de progresser et de travailler à nouveau en extérieur. C'est ce qui me plaît ici.

7 Retracez le parcours professionnel de Gaëtane en complétant le tableau.

Période	Entreprise/Organisation	Métier/Fonction
....	....	....
....	....	....
....	....	....

8 Identifiez les *soft skills*, les *hard skills* et les qualifications acquises et/ou développées par Gaëtane au cours de son parcours professionnel.

Soft skills : ....

Hard skills : ....

Qualifications : ....

3 MIN POUR RETENIR

EN AUDIO — EN VIDÉO — À L'ÉCRIT

foucherconnect.fr/21rhc66

1 L'identification des compétences et des qualifications

COMPÉTENCES
Ensemble de connaissances, capacités et attitudes adaptées à un contexte professionnel donné.

Hard skills		*Soft skills*
SAVOIR-FAIRE « Je suis capable de… » Capacités, habiletés…	**SAVOIRS** « Je sais… » Connaissances théoriques	**SAVOIR-ÊTRE** « Je suis… » Attitudes, comportements…

SAVOIRS → **QUALIFICATION**
Niveau de savoirs généralement validé par un diplôme

2 La gestion prévisionnelle des emplois et des compétences (GPEC)

Objectifs de la GPEC

- Développer les mobilités professionnelles des salariés
- Valoriser les compétences individuelles et collectives
- Développer les qualifications des salariés
- Accompagner les changements dans l'organisation du travail et de la production

3 Le potentiel et le parcours professionnel

Compétences
Combinaison de savoirs théoriques, de pratiques et de comportements

\+

Potentiel
Dispositions personnelles incomplètement exploitées

→ **TALENT**

Ensemble des étapes qu'une personne connaît tout au long de sa carrière professionnelle

Parcours professionnel

Générateur de compétences et de motivation tout au long de la vie professionnelle

Entraînez-vous !

3 minutes pour s'évaluer

foucherconnect.fr/21rhc67

MOTS CROISÉS

Complétez la grille.

Horizontalement

A Processus d'embauche.

B Connaissances.

C Savoir-faire.

D Ensemble de savoirs, savoir-faire et savoir-être.

E Peuvent être humaines, matérielles ou financières.

Verticalement

1 Activité rétribuée.

2 Atteste un niveau de savoirs.

3 Quatre lettres essentielles.

4 Inventaire de l'emploi.

5 Aptitude à développer.

Exercice 1 Identifier les compétences liées à un métier

DOC 1 À chaque métier ses compétences

Le métier de **webmaster** consiste à concevoir, à développer et à entretenir un site internet et/ou Intranet. Pour administrer un site web, il faut créer et mettre en forme des contenus, assurer la maintenance de la plateforme technique et éventuellement participer au développement du site.

Le métier de **contrôleur de gestion** consiste à aider la direction de l'entreprise à optimiser la rentabilité financière dans le cadre de la réalisation de sa stratégie économique. Il faut définir des budgets prévisionnels en s'appuyant sur des données issues de différents services (logistique, production, commercial, financier…).

© Foucher

DOC 2 Savoirs, savoir-faire et savoir-être

- Intervenir sur le site en cas de mal fonctionnement.
- Esprit de synthèse.
- Compétence en analyse de données.
- Adaptabilité pour répondre aux internautes.
- Connaissance des réseaux sociaux.
- Assurer le fonctionnement du site internet.
- Mettre en place les outils de *reporting*.
- Créativité pour identifier les solutions techniques.
- Maîtrise des outils d'édition web.
- Diplômes comptables.
- Concevoir les tableaux de bord d'activité.
- Curiosité pour l'analyse des chiffres.

Questions

1 Définissez les termes suivants : savoirs, savoir-faire, savoir-être.

2 Associez aux métiers de webmaster et de contrôleur de gestion les savoirs, savoir-faire et savoir-être du doc 2 correspondant.

Exercice 2 Analyser une pyramide des âges

DOC 1 Projet de développement

L'entreprise Saules & Pivoines est spécialisée dans l'aménagement des espaces verts. Elle envisage de proposer un nouveau service intégrant la réalité augmentée pour permettre à ses clients de mieux imaginer l'aménagement de leurs jardins. Ce projet va s'accompagner de la création d'une agence dédiée. Les dirigeants décident de profiter de ce projet de développement pour mettre en place une démarche de GPEC afin d'optimiser la gestion de leurs ressources humaines.

© Foucher

DOC 2 Pyramide des âges au sein de l'entreprise

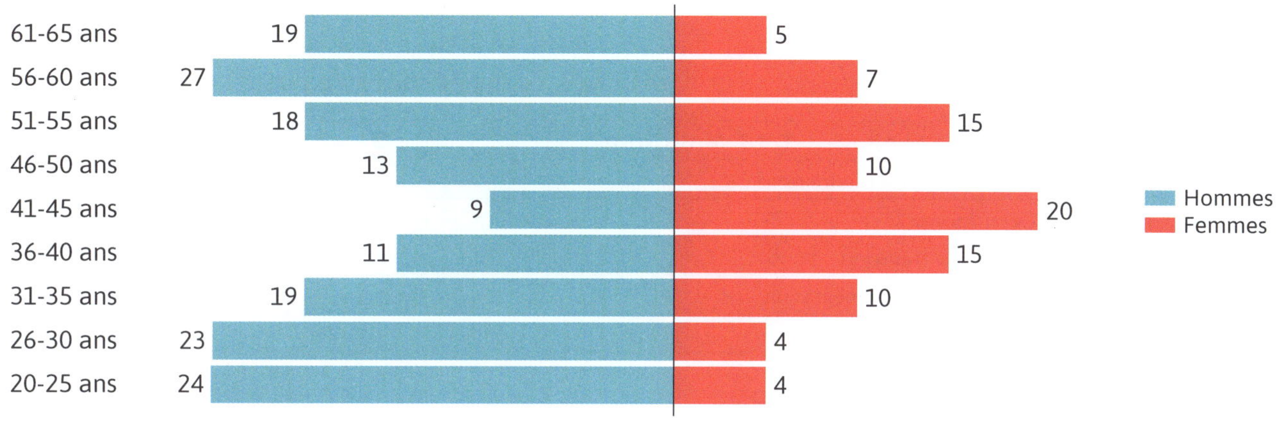

© Foucher

Questions

1. Rappelez le rôle de la GPEC.
2. Précisez si l'entreprise est soumise à l'obligation triennale de négociation.
3. Indiquez à quelle étape de la GPEC intervient l'analyse de la pyramide des âges.
4. Commentez la pyramide des âges de l'entreprise.
5. Proposez des actions permettant à l'entreprise d'adapter ses ressources humaines à son projet de développement.

Le déclic

Analysez bien les consignes pour répondre au travail demandé.

> Afin de répondre aux questions, vous devez bien comprendre le schéma. La pyramide des âges se construit le long d'un axe vertical représentant l'âge. À gauche sont représentés les hommes, et à droite les femmes. Les barres horizontales représentent les effectifs pour chaque tranche d'âge.

Exercice 3 Comprendre les enjeux de l'employabilité

85 % des emplois de 2030 n'existent pas encore. En effet, intelligence artificielle, robotique ou réalité virtuelle… transforment les métiers d'aujourd'hui. Certains sont appelés à disparaître, d'autres à se transformer, et d'autres seront créés. Face à ces évolutions du marché du travail, les salariés doivent adapter leurs compétences afin de maintenir leur employabilité.

© Foucher

Questions

1. Définissez le concept d'employabilité.
2. Expliquez les enjeux de l'employabilité pour les salariés et pour l'entreprise.

Entraînez-vous !

Exercice 4 Interpréter une cartographie des compétences

DOC 1 Cartographie (ou référentiel) des compétences

Il s'agit d'une photographie de l'ensemble des compétences de l'entreprise à un moment donné. Elle permet d'identifier, pour chaque métier, les savoirs, savoir-faire et savoir-être associés, ainsi que le niveau requis. L'objectif est de s'assurer de l'adaptation des collaborateurs à leur poste actuel, mais aussi de favoriser leur employabilité dans le temps.

Processus de cartographie des compétences :

① Identification des emplois → ② Description des emplois → ③ Inventaire des activités → ④ Identification des compétences → ⑤ Identification des thèmes de formation

DOC 2 Métier de logisticien – Cartographie des compétences (extrait)

Cartographie des compétences – PAUL MARCHAIS		Ⓐ	Ⓑ	Ⓒ	Ⓓ	Ⓔ
Contenu actuel de l'emploi	Assurer l'approvisionnement					×
	Gérer les stocks				×	
	Planifier le transport					×
	Appliquer la réglementation		×			
	Utiliser l'outil informatique					×
	Maîtriser l'anglais		×			
Évolution souhaitable de l'emploi	Assurer une veille technologique		×			
	Connaître les règles de sécurité et d'environnement		×			
	Assurer la transition informatique (IA, robotique)				×	

Ⓐ Aucune connaissance pratique ni théorique. Ⓑ Connaissance des principes théoriques sans aucune pratique. Ⓒ Bonne connaissance théorique avec une pratique occasionnelle. Ⓓ Bonne connaissance théorique et pratique régulière. Ⓔ Bonne connaissance théorique et pratique efficace.

Questions

1. Précisez les acteurs de l'entreprise à qui s'adresse la cartographie des compétences.
2. Identifiez les missions non maîtrisées par Paul.
3. Proposez des actions permettant à Paul de monter en compétences.

Exercice 5 Choisir le bon dispositif de formation

Former ses collaborateurs est une nécessité pour l'entreprise. En effet, pour rester compétitive, l'entreprise doit accompagner la montée en compétences de ses ressources humaines. Or, la formation professionnelle/continue évolue sous l'impulsion des nouveaux comportements et l'apparition de nouveaux outils.
Les évolutions technologiques permettent en effet de combiner des formations en présentiel et en distanciel. Les formations massives (MOOC) sont ainsi accessibles *via* des plateformes et les algorithmes favorisent l'individualisation des parcours grâce à des questionnaires de positionnement (parcours personnalisé selon le point de départ, le comportement des participants…). Par ailleurs, en proposant des *Business Games*, des Hackathons, etc., les formations sont, elles aussi, entrées dans l'ère de la « gamification ».

Questions

1. Présentez les enjeux de la formation pour l'entreprise et pour les collaborateurs.
2. Identifiez les facteurs de l'environnement qui ont conduit à l'évolution de la formation.
3. Relevez les nouvelles tendances constatées dans ce domaine.
4. Indiquez les critères à prendre en compte pour choisir un système de formation.

2 Le recrutement

DÉCOUVRIR EN VIDÉO
Le processus de recrutement d'EY - 2,05 min
foucherconnect.fr/21rhc01

Les Studios ABC recrutent pour leur nouveau point de vente

Toufik et son adjointe Ninon dirigent Les Studios ABC, un cinéma indépendant de seize salles, situé à Perpignan. L'entreprise compte trente-sept salariés, dont six agents de comptoir en charge d'un snack en libre-service. En complément, Les Studios ABC ouvrent un second point de vente alimentaire au sein du cinéma, un café. Ainsi, de nouveaux besoins en compétences apparaissent : connaissance du protocole sanitaire, maîtrise de nouvelles machines, etc.

> **Quel est le problème de management rencontré par Toufik et Ninon ?**

....

....

> **Quels sont les enjeux d'un recrutement réussi ?**

....

....

....

Passerelles

- 1re SDGN – Gestion des ressources humaines et coût du travail
- Tle MSDGN – Communication de l'organisation
- Tle Droit – Contrat de travail
- Tle Éco – L'offre et la demande de travail

CAPACITÉS ✖ Vérifier la pertinence des modalités de recrutement par rapport aux exigences de l'organisation, dans le respect des obligations légales ✖ Apprécier des modalités d'accueil et d'intégration des individus ✖ Comparer les différentes formes de relations de travail

Notions

Recrutement, e-recrutement, accueil, intégration + fidélisation + formes de la relation de travail

1 La communication adaptée au mode de recrutement

> Toufik et Ninon se lancent dans le processus de recrutement des agents de comptoir. Ils estiment devoir recruter cinq salariés supplémentaires en externe, car un recrutement en interne déplacerait seulement le besoin. Ils réfléchissent à la communication la plus adaptée à cette recherche.

DOC 1 Page recrutement du site internet des Studios ABC

DOC 2 Le e-recrutement

Le e-recrutement consiste à utiliser Internet dans le processus de recrutement. Les offres d'emploi peuvent être diffusées à large échelle sur le site de l'entreprise, mais aussi sur des moteurs de recherche d'emploi (Pôle Emploi, APEC, Indeed, Monster, CIDJ, Leboncoin, etc.), des réseaux sociaux professionnels (LinkedIn, Viadeo) ou des réseaux sociaux généralistes (Facebook, Twitter, Instagram). La plupart de ces solutions proposent de collecter les candidatures pour les réunir dans des CVthèques virtuelles.
Des tests diffusés en ligne (tests d'aptitude verbale, de compétences spécifiques, de personnalité, etc.) peuvent également être utilisés lors du recrutement. Ils permettent d'évaluer le candidat.

 # vidéo
Big data et recrutement - 2,02 min
foucherconnect.fr/21rhc02

Après avoir collecté cette masse de données (*big data*), des outils numériques (généralement payants) les analysent de manière automatique. Les filtres et algorithmes permettent de déduire des CV la personnalité du candidat et de prédire sa réussite potentielle à un poste. Il s'agit donc de faire correspondre les profils aux offres d'emploi.

1 Reliez chaque outil d'e-recrutement à son objectif.

Les tests en ligne •		
La page recrutement du site institutionnel •		• Diffuser l'offre et collecter des candidatures
Les réseaux sociaux généralistes et professionnels •		
Les filtres et algorithmes qui utilisent le *big data* •		• Sélectionner des candidatures
Les moteurs de recherche d'emploi •		

2 Expliquez l'intérêt du e-recrutement par rapport à un recrutement traditionnel.

....

....

....

3 Citez d'autres méthodes auxquelles les Studios ABC auraient pu recourir en plus du e-recrutement.

....

....

2 La recherche de compétences

« Après une discussion sur les besoins relatifs à l'ouverture du café, Toufik et Ninon rédigent l'offre d'emploi. Ils reçoivent une vingtaine de CV et de lettres de motivation. Après un premier tri, ils choisissent de recevoir en entretien dix candidats, dont Coralie, pour cinq postes à pourvoir.

DOC 3 Offre d'emploi pour le poste d'agent de comptoir

① AGENT DE COMPTOIR F ② N°AC00012

③ Les Studios ABC ouvrent un café traditionnel. Notre ambition : offrir à nos clients une expérience de qualité et à nos salariés une ambiance de travail agréable et des avantages en nature (deux places par semaine, primes sur les ventes…).

④ Rattachée au chef d'équipe alimentaire, vous aurez pour mission d'assurer le fonctionnement de l'activité alimentaire du cinéma : gestion des stocks, entretien du matériel selon les règles d'hygiène, service aux clients, ventes, encaissement, nettoyage. Vous travaillerez souvent de nuit (jusqu'à 1 h du matin), ainsi que le week-end.

⑤ Jeune, dynamique et souriante, vous appréciez le contact avec le public. Vous avez aussi la rigueur nécessaire pour veiller aux procédures sanitaires et pour gérer une caisse.

⑥ Lieu de travail : Perpignan Est
Type de contrat : CDI à temps complet ou temps partiel (selon profil)
Rémunération : 1 540 € bruts/mois + primes (travail de nuit et résultats)

⑦ Candidature (CV et lettre de motivation) à envoyer par mail (direction@studiosabc.fr) ou à déposer sur le site de l'entreprise (www.studioabc.com).

1 Associez chaque libellé ci-dessous à la partie de l'offre d'emploi correspondante.

☐ Conditions de travail – ☐ Description du poste – ☐ Envoi de la candidature – ☐ Intitulé du poste – ☐ Présentation de l'entreprise – ☐ Profil du poste – ☐ Référence du poste

DOC 4 Les discriminations dans le monde du travail

Article L. 1132-1 du Code du travail
Aucune personne ne peut être écartée d'une procédure de recrutement […], aucun salarié ne peut être sanctionné, licencié ou faire l'objet d'une mesure discriminatoire, directe ou indirecte […].

2 Surlignez les éléments illégaux qui apparaissent dans l'offre d'emploi.

3 Expliquez les discriminations dont l'entreprise s'est rendue coupable.

……………………………………………………………………………………

……………………………………………………………………………………

4 Donnez pour chaque argument de Coralie, puisé dans son expérience personnelle, une ou plusieurs compétences essentielles au poste d'agent de comptoir.

Arguments de Coralie	Compétences attendues
Je mène de front beaucoup d'activités : le lycée, mes cours de danse, j'aide mon petit frère à faire ses devoirs…	……………………
Je tiens un stand sur une brocante tous les ans ; j'adore discuter avec les gens et leur vendre les objets dont je ne me sers plus.	……………………
Je fais de la danse depuis douze ans. Je progresse d'année en année : mon prof est exigeant. Ça me demande beaucoup de précision et de concentration.	……………………

RHC NEWS

En plus des *hard skills* (connaissance de langues étrangères, maîtrise de logiciels, etc.), les recruteurs sont désormais attentifs aux *soft skills* (gestion du temps, souplesse, sens critique, etc.).

3 L'intégration et la fidélisation

« Chaque nouveau salarié a signé son contrat de travail. Les agents de comptoir sont polyvalents sur le café et le snack. Une semaine après l'ouverture du café, Toufik, Ninon et le chef d'équipe alimentaire (CE) font un point sur les performances de chacun des onze agents de comptoir.

DOC 5 Tableau d'indicateurs du pôle café (semaine du 30/10 au 06/11)

	Respect des normes sanitaires	Panier moyen	Erreurs de caisse
Yoann	🙂	8,50 €	0,00 €
Vanmany	😐	12,30 €	0,15 €
Hisham	🙂	12,45 €	1,90 €
Clémentine	🙂	11,80 €	0,00 €
Ghania	🙂	12,20 €	0,00 €
Loic	🙂	11,15 €	2,74 €
Thanh*	😐	7,70 €	0,20 €
Damien*	☹️	9,50 €	5,48 €
Coralie*	☹️	5,60 €	2,96 €
Lucie*	😐	8,10 €	12,40 €
Charles*	☹️	7,40 €	1,25 €

*Nouveaux salariés.

1 Analysez les indicateurs du pôle café.

....

....

DOC 6 Les enjeux de l'intégration

Toufik : Vous avez demandé à me voir ? Que se passe-t-il Damien ?
Damien : Je voulais vous déposer ma lettre de démission.
Toufik : Vraiment ? Pourquoi ?
Damien : Je ne me sens pas à ma place ici. La preuve, je n'ai pas réussi à appliquer le protocole sanitaire correctement et j'ai un trou dans ma caisse !
Toufik : Vous débutez, c'est normal de ne pas tout réussir parfaitement.
Damien : Pas à ce point… L'été dernier j'étais plagiste et j'ai été efficace au bout de deux jours. Ici, je ne suis pas à l'aise, je ne me sens pas le bienvenu.
Toufik : Les choses se passent mal avec vos collègues ?
Damien : Non, ils sont sympas, mais aucun des anciens ne s'occupe vraiment de moi et les autres nouveaux ont les mêmes difficultés. Par exemple, ils nous disent qu'il faut prendre la température des réfrigérateurs, mais on ne sait même pas où trouver un thermomètre qui fonctionne. Ensuite, personne n'a vraiment compris comment fonctionne le percolateur. Pour finir, mon uniforme est trop petit pour moi.

2 Surlignez dans le doc les éléments qui montrent que Damien est mal intégré dans l'équipe.

3 Identifiez les risques liés à une mauvaise intégration des nouveaux recrutés.

....

....

....

« À la suite de la démission de Damien, Toufik et Ninon mettent en place une procédure d'intégration, aussi appelée processus d'*onboarding*.

DOC 7 Check-list de la procédure d'intégration d'un nouveau salarié

J–30 à J–8 / CE	Informer le salarié des pièces à fournir.	
	Préparer des tenues à sa taille.	
	Choisir parmi les salariés volontaires un « coach ».	
	Planifier le premier jour du salarié un jour de faible affluence.	
	Planifier les quinze premiers jours du salarié sur les mêmes créneaux que son coach.	
J / CE + Dir.	Le salarié est accueilli par la direction et le chef d'équipe.	
J / CE	Régler les formalités administratives (signature du contrat, etc.).	
	Remettre un livret d'accueil.	
	Présenter les objectifs de l'entreprise et les produits proposés.	
	Faire visiter le site par le circuit spectateur.	
	Montrer les lieux réservés au personnel.	
	Présenter le poste auquel l'agent est affecté (lui remettre le descriptif).	
	Présenter un planning de formation formalisé.	
	Pour un agent de comptoir : le former au protocole hygiène et sécurité grâce au e-learning (45 minutes sur ordinateur, puis débriefing).	
	Présenter le salarié à son coach.	
J à J+15 / Coach	Former afin que le salarié soit capable d'effectuer avec précision chacune des tâches associées à son poste.	
J+15 / CE + Coach	S'entretenir pour contrôler connaissances, savoir-faire, savoir-être et échanger sur les difficultés, points forts, etc.	
J+60 / CE + Dir.	Faire un entretien de fin de période d'essai.	

4 Résumez le rôle de chacun des acteurs de la procédure d'intégration.

Acteurs	Rôles
Direction	....
Le chef d'équipe (CE)	....
Le coach (salarié expérimenté)	....

5 Indiquez l'objectif de chaque élément de la check-list en notant dans le tableau du doc 7 la lettre correspondante.
Objectifs : A. Répondre au besoin d'appartenance du nouveau salarié. B. Rendre plus efficace le nouveau salarié.
C. Satisfaire ces deux objectifs en même temps.

DOC 8 Turnover chez Les Studios ABC

De : toufik@studiosabc.fr
A : ninon@studiosabc.fr
Objet : Baisse du turnover !

Le taux de rotation du personnel a diminué. On est passé de 18 % à 13 %. Depuis la procédure d'intégration, on a beaucoup moins de démissions de jeunes collaborateurs, mais nous avons toujours autant de démissions des salariés expérimentés. On peut faire mieux en travaillant sur la fidélisation ! [...]

6 Expliquez ce qu'est le turnover et pourquoi Toufik est heureux de sa baisse.

....

7 Trouvez comment Toufik et Nina pourraient fidéliser leurs employés.

....

4 Les formes de la relation de travail

« Six mois après l'ouverture du café, Toufik et Ninon font face à de nouveaux besoins en compétence à l'occasion du Printemps du Cinéma, puis pour un festival du film japonais.

DOC 9 Besoins en compétences et maîtrise de la masse salariale

Ninon : Il faut qu'on recrute pour le pic d'activité lié au Printemps du Cinéma, mais la masse salariale ne cesse d'augmenter depuis six mois.
Toufik : Je pensais à l'intérim, car nous avons un besoin ponctuel. C'est l'agence d'intérim qui gérera les contrats de travail.
Ninon : D'accord. Il faut aussi prévoir un agent de sécurité pour cette période. Je te propose qu'on continue à faire appel à la société ETS. Ils nous enverront quelqu'un.
Toufik : On peut sinon demander à Moussa. Il vient de monter sa microentreprise de gardiennage. On le connaît et il est sérieux.
Ninon : Ok ! As-tu réfléchi à notre problème de communication également ? On ne s'en sort plus en bricolant. Il faut quelqu'un pour améliorer et faire vivre notre site internet, communiquer sur les réseaux sociaux, gérer des campagnes Adwords, etc.
Toufik : Oui, je crois avoir trouvé la solution : on peut avoir quelqu'un de compétent, sur le long terme, sans que ses prestations ne nous coûtent trop cher. Le chargé de communication du concessionnaire automobile d'à côté m'a proposé ses services. Il continuera aussi à travailler pour le concessionnaire, car il est en portage salarial. C'est une société de portage qui s'occupe de toutes ses démarches administratives, ses cotisations sociales, etc. Lui, il nous facture des honoraires.

1 Associez chaque forme de relation de travail à ses caractéristiques.

Le travailleur signe un contrat de travail pour une durée déterminée ou indéterminée avec l'organisation qui l'emploie •	• Intérim
Le travailleur facture des honoraires à une entreprise et est salarié d'une autre entreprise ; il est qualifié et autonome •	• Portage salarial
Le travailleur fournit sa force de travail à une entreprise A en étant salarié d'une entreprise B ; l'entreprise B facture l'entreprise A •	• Salariat
Le travailleur est un chef d'entreprise indépendant ; il est lié à l'entreprise pour laquelle il travaille par un contrat de prestation de service, de sous-traitance... •	• Microentreprise

2 Expliquez quel est l'intérêt pour Les Studios ABC de recourir à différentes formes contractuelles.

....

....

....

DOC 10 Festival du film japonais aux Studios ABC

3 Trouvez les avantages et les inconvénients pour Les Studios ABC de travailler avec des bénévoles d'une association.

....

....

....

....

....

....

3 MIN POUR RETENIR

EN AUDIO — EN VIDÉO — À L'ÉCRIT

foucherconnect.fr/21rhc03

1 La communication adaptée au mode de recrutement

Recrutement
- Affichage, petites annonces, etc.
- Cooptation, chasseur de tête, etc.

→

E-recrutement
- Sites institutionnels
- Moteurs de recherche d'emploi
- Réseaux sociaux généralistes et professionnels

2 La recherche de compétences

Offre d'emploi
- Intitulé du poste
- Type de contrat
- Rémunération
- Tâches
- Compétences
- Responsabilités
- Qualification
- Présentation de l'organisation
- Coordonnées

→

1er tri des candidatures
- Analyse des CV
- Lecture des lettres de motivation

→

2e tri des candidatures
- Tests
- Entretiens

3 L'intégration et la fidélisation

Accueil et intégration → • Montée en compétence rapide du salarié • Sentiment d'appartenance et implication → Fidélisation

PAS d'accueil et d'intégration → **• Coûts d'un nouveau recrutement • « Fuite » des compétences**

4 Les formes de la relation de travail

Contrat de travail
- Salariat

Autres formes contractuelles
- Intérim
- Portage salarial
- Travail indépendant

Autres formes de relation de travail
- Bénévolat

Entraînez-vous !

3 minutes pour s’évaluer

foucherconnect.fr/21rhc04

MOTS CROISÉS

Complétez la grille.

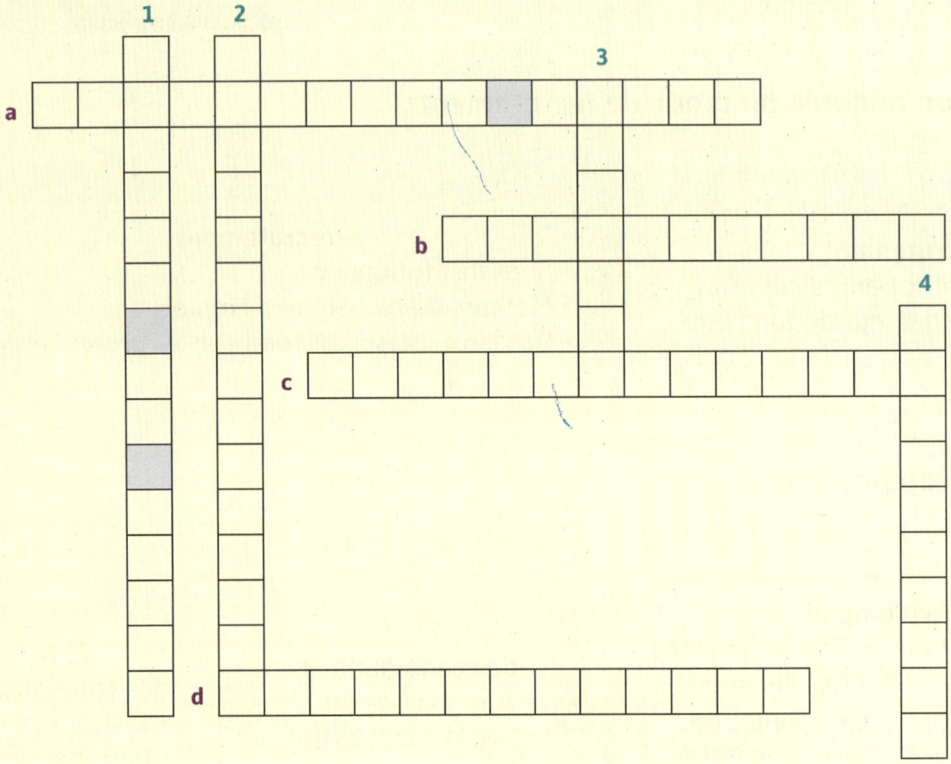

Verticalement

1 Portrait idéal du candidat postulant à un emploi (3 mots).

2 Entreprise de moins de dix salariés au chiffre d’affaires annuel limité.

3 Contrat tripartite entre un individu, salarié par une société d’intérim, exerçant des missions dans une entreprise tierce.

4 Anglicisme regroupant les pratiques liées à l’intégration.

Horizontalement

a Document synthétisant le parcours scolaire et professionnel d’un candidat (2 mots).

b Dernière phase du recrutement devant permettre une montée en compétences rapide et l’implication des nouveaux salariés.

c Fait de distinguer un groupe d’individus et de lui accorder un traitement moins favorable.

d Utilisation d’I nternet dans le processus de recrutement.

Exercice 1 Rechercher des compétences chez Amazon

Chez Amazon, les candidats sont sélectionnés selon leur aptitude à se conformer à « 14 principes de Leadership » : l’obsession client, l’investissement personnel, l’inventivité, le discernement, la curiosité, le développement de l’employabilité, l’exigence, l’ambition, la prise de risque, l’optimisation des coûts, l’autocritique, la capacité analytique, le cran de remettre en question la parole dominante, la ténacité.

© Foucher

 # vidéo
Amazon – Le processus de recrutement - 2,02 min
foucherconnect.fr/21rhc05

Questions

1 Choisissez cinq de ces principes et préparez des arguments prouvant que vous pouvez être en phase avec le leadership prôné par Amazon.

2 Simulez l’entretien de recrutement par groupe de deux. À tour de rôle, endossez le personnage du recruteur d’Amazon, puis du candidat. Oral

Exercice 2 Rédiger une offre d'emploi

Simple & Bon est une chaîne de supermarchés créée en 1984. Depuis cinq ans, l'enseigne se repositionne en développant la vente de produits bio. Par ailleurs, elle propose à ses collaborateurs de nombreux avantages : participation aux bénéfices, treizième mois, œuvres sociales et culturelles, etc.

L'un de ses magasins est situé dans le quartier Vauban de Lille. Il a une surface de 1 400 m^2 et un effectif de trente salariés. Ce point de vente est géré par un franchisé qui veille à préserver une ambiance familiale (arbre de Noël, repas de fin d'année…).

Sylvain, l'un des plus anciens salariés du magasin, part en retraite dans deux mois. Sa carrure imposante l'a rapidement amené à occuper le poste d'employé commercial rayon liquide. Ce rayon nécessite en effet une force physique importante en raison des lourds packs (eau, lait, bière, etc.) à transporter. Par ailleurs, Sylvain est quotidiennement amené à utiliser le transpalette et le chariot élévateur : il peut ainsi mettre en place dans le magasin les palettes de liquide, mais aussi ranger la réserve et réceptionner les marchandises. Le magasin avait d'ailleurs recruté Sylvain, car il faisait partie des rares candidats à posséder un CACES (certificat d'aptitude à la conduite en sécurité validant la conduite d'engins de manutention). Sans ce certificat, l'entreprise doit former en interne les salariés manipulant les chariots élévateurs. Outre le transport des charges lourdes, Sylvain sait également être méticuleux : il veille à mettre à jour les étiquettes prix de son rayon et dispose l'affichage promotionnel ; surtout, il sait mettre en valeur la cave à vin. Enfin, il arrive à Sylvain d'aller travailler dans un autre rayon pour remplacer un collègue absent.

Sherifa, la chef de rayon alimentaire sec qui encadre Sylvain, réfléchit dès à présent à son remplacement. Après discussion avec le directeur de magasin, elle sait qu'elle pourra recruter un salarié en CDI à temps complet, mais ne pourra lui proposer qu'un SMIC (1 540 € bruts mensuels).

Question

Rédigez l'offre d'emploi permettant de répondre aux besoins du supermarché du quartier Vauban à Lille.

Le déclic

Analysez bien les consignes pour répondre au travail demandé.

> À la lecture du document, relevez au brouillon les éléments permettant de cerner les besoins de l'organisation. Reprenez chaque élément d'une offre d'emploi, car cela va vous permettre de mettre en forme votre travail et de ne rien oublier.

Exercice 3 Faire du e-recrutement pour fidéliser

Gate Gourmet est une entreprise de restauration. L'une de ses filiales est basée à proximité de l'aéroport de Chicago : les plats préparés dans ses ateliers sont servis à bord des avions. La société rencontrait des difficultés à stabiliser son personnel : son taux de turnover était de 50 %. Au travers du *big data*, grâce à l'analyse des données démographiques et géographiques, Gate Gourmet a compris que beaucoup de démissions de ses salariés étaient liées à la distance qui séparait leur domicile de leur lieu de travail. Dès lors, le service RH a modifié sa procédure de recrutement, privilégiant les candidats habitant à proximité de l'aéroport de Chicago. Des prestations compensatoires destinées à dédommager les salariés de leurs frais de transport ont également été mises en place. Le taux de turnover est alors passé à 27 %.

Questions

1. Repérez le problème de management rencontré par Gate Gourmet.
2. Expliquez en quoi Gate Gourmet fait du e-recrutement.
3. Identifiez le changement opéré sur la procédure de recrutement.
4. Montrez que la fidélisation des salariés est une préoccupation majeure lors du recrutement.

Entraînez-vous !

Exercice 4 Apprécier les modalités d'accueil et d'intégration

L'Oréal recrute des profils diversifiés. L'entreprise considère que des personnalités, des compétences et des expériences différentes sont autant d'atouts. Toutefois, pour que cette diversité puisse s'exprimer et s'épanouir au sein de l'organisation, L'Oréal veille à l'intégration des nouveaux recrutés. Convaincue que le processus d'intégration doit être personnalisé pour être efficace, l'entreprise a conçu le programme L'Oréal FIT (*Follow Up and Integration Track*). Le but est de donner aux nouveaux collaborateurs les clés leur permettant de progresser au sein de la multinationale grâce à six opportunités de formation.

- L'accueil : L'Oréal fournit les informations indispensables à la réussite des nouveaux salariés.
- La découverte du terrain et des produits : visites de sites, stages terrain, observations, etc.
- La formation Discovery : l'enjeu est d'aller à la rencontre d'autres nouveaux embauchés, d'acquérir davantage de connaissances et d'expertise, d'échanger avec des managers et des pairs. Les recrutés commencent ainsi à créer leur réseau.
- Un programme de rencontres personnalisé : les nouveaux embauchés rencontrent des contacts clés leur permettant de réaliser leur mission.
- La formation sur le poste, dispensée par un manager.
- L'accompagnement individuel par un responsable RH, tout au long de la phase intégration. Parfois, les nouveaux collaborateurs sont également accompagnés par un mentor.

© Foucher

Questions

1. Repérez les acteurs concernés par l'intégration chez L'Oréal.
2. Citez les éléments de la procédure d'intégration ayant pour but premier de permettre une montée en compétences rapide des salariés sur leur poste.
3. Citez les éléments de la procédure d'intégration ayant pour but premier de satisfaire le besoin d'appartenance des recrutés et de les impliquer davantage.

Exercice 5 Comparer les différentes formes de relation de travail

En août 2020, le travail temporaire enregistre un recul de 19,6 %, par rapport à août 2019.

La chute d'activité s'atténue par rapport à celle constatée au titre du mois précédent (entre juillet 2019 et juillet 2020, cette baisse atteignait – 26 %). En équivalent temps plein, cette chute représente désormais la disparition de 151 000 emplois intérimaires sur un an. [« *L'intérim joue souvent les variables d'ajustement* », rappelle Prism'emploi.]

Effectifs intérimaires entre août 2020 et août 2019 (en %)

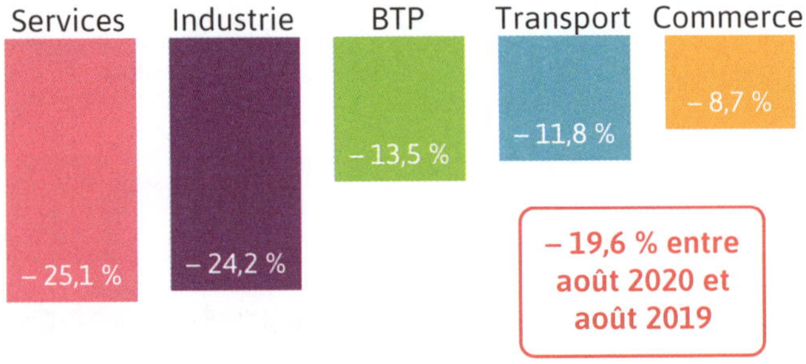

Les deux grands secteurs les plus touchés par la crise demeurent :

- les services, avec une baisse de – 25,1 %, particulièrement pénalisés par la baisse d'activité dans l'hôtellerie-restauration et le secteur finance/assurance ;
- l'industrie, en recul de – 24,2 %, dont l'emploi intérimaire subit les répercussions des difficultés économiques des filières aéronautique et automobile.

Avec un taux de – 8,7 %, le secteur dont les effectifs intérimaires diminuent le moins est désormais celui du commerce, devant les transports et le BTP, qui baissent respectivement de – 11,8 % et – 3,5 %.

Dans ce contexte, les emplois les plus qualifiés que sont les emplois de cadres et professions intermédiaires, avec – 23,8 %, et les ouvriers qualifiés, avec – 21,2 %, connaissent une baisse plus marquée que la catégorie des employés (– 18,0 %) et des ouvriers non qualifiés (– 17,3 %). […]

Baromètre de Prism'emploi, www.prismemploi.eu, 23/09/2020

Questions

1. Identifiez la crise dont il est question dans le texte et expliquez pourquoi elle a particulièrement touché le secteur de l'hôtellerie-restauration.
2. Expliquez l'extrait de l'article souligné.
3. Déduisez-en l'intérêt principal qu'ont les organisations à choisir d'autres formes de travail que le salariat.

3 L'évaluation du travail

DÉCOUVRIR EN VIDÉO
L'entretien annuel d'évaluation - 3,41 min
foucherconnect.fr/21rhc53

Johana, directrice clientèle chez Banquo, s'apprête à évaluer ses salariés

Banquo est une entreprise française spécialisée dans l'activité de banque en ligne. L'organisation compte à ce jour cent treize salariés. Johana, directrice clientèle depuis un an, s'apprête à faire passer ses premiers entretiens annuels d'évaluation. Soucieuse d'en savoir plus sur le sujet, elle sollicite Nader, le DRH du groupe.

> **Quels sont les acteurs concernés par l'entretien annuel d'évaluation ?**

> **Quels sont les objectifs de l'entretien annuel d'évaluation pour le salarié ?**

Passerelles

- 1re SDGN – Évaluation et rétribution de l'activité humaine dans les organisations

CAPACITÉS ✖ Distinguer les objectifs des différents dispositifs d'évaluation et apprécier leur intérêt ✖ Appréhender les moyens permettant à l'organisation de faire évoluer les compétences collectives et individuelles notamment par une politique de formation

Notions

Modes d'évaluation professionnelle + entretien professionnel + entretien périodique + bilan de compétences

1 Les enjeux de l'évaluation

Dans le cadre de la préparation de ses entretiens annuels d'évaluation, Johana tente de mieux comprendre leurs enjeux et leur importance.

DOC 1 Attentes de Banquo en matière d'évaluation

Entretien avec Nader, DRH du groupe Banquo, pour le journal interne du groupe.

Quels sont les objectifs de l'évaluation pour l'organisation ?

L'évaluation doit favoriser l'adhésion des salariés aux défis qualitatifs et quantitatifs de l'entreprise. C'est par l'atteinte de ces objectifs que nous pouvons garantir la pérennité de l'organisation. L'évaluation permet de faire un point sur le travail réalisé par le salarié, au regard des objectifs fixés au cours de l'année, mais également sur ses forces et ses faiblesses, tout en favorisant sa motivation et sa performance. Les outils d'évaluation permettent d'identifier les actions amélioratrices à mettre en place au sein de l'entreprise, notamment en matière de conditions de travail, de formation et de rémunération.

Quels sont les enjeux de l'évaluation en matière de gestion des ressources humaines ?

L'évaluation est pour nous un moyen de mieux connaître nos collaborateurs, leurs motivations et leurs demandes afin de les fidéliser. En tant que DRH, mon objectif est de recenser les besoins en formation et d'évolution de chaque salarié afin de construire une GPEC efficace. En évaluant les compétences et le potentiel de chacun, je peux fidéliser mes salariés à haut potentiel en leur offrant un salaire adéquat et des parcours liés à mes besoins en interne, tout en faisant attention à ma masse salariale avec l'objectif d'améliorer la performance de l'entreprise.

1 Surlignez les principaux objectifs de l'évaluation pour le groupe Banquo.

2 Expliquez pourquoi l'identification du potentiel des salariés est importante pour l'entreprise.

....

....

DOC 2 Cadre de l'évaluation

De : h.mada@banquo.com
À : j.fanon@banquo.com
Objet : Le cadre de l'évaluation en droit français

Bonjour Johana,

Concernant le refus de ton conseiller clientèle de faire l'entretien d'évaluation que tu lui as demandé, le Code du travail est clair. L'employeur a le choix d'organiser ou non des entretiens d'évaluation. S'il souhaite en mettre en place afin de juger de la performance de ses collaborateurs, ces derniers n'ont pas le droit de refuser, car leur contrat de travail les place sous la subordination de leur responsable. Un refus peut être une cause réelle de licenciement pour faute grave. En fonction des résultats de l'évaluation, s'ils sont mauvais par exemple, libre à toi de ne pas promouvoir le salarié et/ou de ne pas augmenter son salaire. En revanche, les critères d'évaluation doivent être objectifs, c'est-à-dire identiques pour chaque salarié exerçant la même activité. Ils doivent également être connus de tous les salariés en amont de l'entretien. Tu peux envoyer ta grille d'évaluation avant par exemple. De plus, tu ne dois évaluer que des aptitudes professionnelles, sans critères discriminants (sexe, âge, etc.). Tout le monde doit être placé sur un pied d'égalité, quelle que soit la relation que tu entretiens avec eux. [...]

Hocine Mada, juriste pour Banquo

3 Indiquez si un salarié peut refuser de participer à un entretien d'évaluation et pourquoi.

....

....

....

....

....

....

....

....

....

....

....

4 Expliquez pourquoi les critères d'appréciation du personnel doivent être objectifs.

....

....

....

DOC 3 Échange entre deux salariés de Banquo sur leur entretien d'évaluation

Aïko : Ça va Jean-Jacques ? Tu as l'air un peu stressé !
Jean-Jacques : Un peu, j'ai mon entretien d'évaluation la semaine prochaine.
Aïko : Qu'attends-tu de cet entretien ?
Jean-Jacques : Pas mal de choses ! Cela fait cinq ans que je suis sur le même poste et j'espère vraiment qu'on pourra aborder mes perspectives de carrière dans l'entreprise. J'ai envie d'évoluer vers un poste en communication, je ne souhaite plus être responsable clientèle.
Aïko : Sais-tu ce que tu vas demander à ton responsable ?
Jean-Jacques : Oui, une formation en lien avec mon projet professionnel et une augmentation de salaire. Je crois que je les mérite, surtout après tout le travail fait pendant le confinement.
Aïko : Je te conseille aussi d'aborder ce qui te gêne au quotidien dans ton travail, tes difficultés, etc.
Jean-Jacques : Je n'y avais pas pensé ! Je vais demander du matériel ergonomique pour soulager mes maux de dos et de poignet, que ce soit pour le bureau ou le télétravail.

5 Indiquez l'intérêt de l'entretien annuel d'évaluation pour Jean-Jacques.

6 Expliquez en quoi ces attentes peuvent être différentes de celles de l'entreprise.

DOC 4 Note du médecin du travail de Banquo sur le stress causé par l'évaluation

L'évaluation, telle qu'elle se réalise tout au long de la vie scolaire, peut être source de stress. Plusieurs salariés sont venus nous voir avant des entretiens annuels afin de nous faire part de leur crainte d'être évalués. Le manque de considération du travail du salarié ou certains critères retenus pour évaluer le salarié, malgré le cadre légal, sont des éléments qui génèrent un stress important. Un salarié pensait qu'il n'aurait pas d'augmentation salariale malgré un dépassement clair de ses objectifs, car sa relation avec son responsable était mauvaise.
Il peut même arriver que des collaborateurs se mettent en arrêt maladie après l'entretien à cause du choc provoqué par celui-ci et de la différence entre l'attente du salarié et la réalité de l'évaluation.
Nous proposons aux managers d'évaluer régulièrement les salariés, en mettant en place des entretiens périodiques pour désacraliser l'entretien annuel d'évaluation, et de les faire participer à la préparation de leur entretien à travers l'autoévaluation. Cet outil doit être utilisé le jour de l'entretien. Il permet au salarié de libérer un peu sa parole en amont de l'évaluation finale.
Nous recommandons également que les collaborateurs puissent faire des retours permanents aux responsables sur leurs réussites ou leurs difficultés. Cela évitera d'avoir de mauvaises surprises le jour de l'évaluation.

7 Expliquez pourquoi l'évaluation peut être source de stress pour le salarié.

 # vidéo
Faut-il noter ses salariés ? - 1,49 min
foucherconnect.fr/21rhc54

8 Relevez les actions qui peuvent permettre d'atténuer ce phénomène.

2 Les modes d'évaluation

« Ancien conseiller principal d'éducation dans un lycée, Jean-Jacques est depuis cinq ans conseiller clientèle chez Banquo à la suite d'une reconversion professionnelle. En plus de son entretien annuel, il a demandé un entretien professionnel et une évaluation à 360° pour donner un nouvel élan à son projet.

DOC 5 Entretien annuel d'évaluation de Jean-Jacques (extrait)

Collaborateur	**Nom, prénom** : Césaire Jean-Jacques	**Fonction** : responsable clientèle	**Ancienneté** : 29/02/2016 en CDI
Responsable	**Nom, prénom** : Fanon Johana	**Fonction** : directrice clientèle	

Les faits marquants (réussites, difficultés) vécus par le salarié : Heureux d'avoir pu atteindre les objectifs malgré le confinement.
Les faits marquants (réussites, difficultés) vécus par le manager : Adaptabilité sans faille malgré une période compliquée pour l'entreprise.

Objectifs quantitatifs et qualitatifs				
Nature de l'objectif	**Descriptif de l'objectif**	**Critères de mesure**	**Taux fixé**	**Taux atteint**
Développer le portefeuille clients	Développer le nombre de clients de la banque	Nombre de clients	20 %	30 %

Projet professionnel et plan de formation	
Avez-vous un projet de mobilité interne ? (Dans quels délais, quel poste envisagez-vous…)	Oui, je souhaiterais évoluer vers un poste en communication.
Avez-vous des besoins de formation ? (Pour tenir votre poste actuel, pour répondre aux objectifs de l'année, pour préparer votre projet professionnel…)	Une formation me permettant d'être rapidement opérationnel sur les outils de communication.

Proposition d'évolution de la rémunération	
Une proposition d'évolution de la rémunération peut-elle être envisagée ? Oui ☒ Non ☐ Si oui, proposition en % du salaire annuel : 5 %	
Date et signature de l'évalué : Le 18/01/2021 Jean-Jacques Césaire	**Date et signature de l'évaluateur** : Le 18/01/2021 Johana Fanon

1 Expliquez pourquoi le salarié et le manager signent la fiche de l'entretien annuel d'évaluation.

....

....

DOC 6 L'entretien professionnel

L'entretien professionnel a pour objectif de permettre au salarié d'élaborer son projet professionnel à partir de ses souhaits d'évolution, de ses aptitudes et des besoins de l'entreprise. Contrairement à l'entretien annuel d'évaluation, l'entretien professionnel est obligatoire pour l'entreprise. Tous les deux ans, le manager ou un membre de la fonction RH passe en revue le parcours professionnel du collaborateur afin d'identifier le projet d'avenir de celui-ci. Cela permet de l'accompagner, à travers un plan d'action concret, dans l'élaboration de son projet professionnel. Durant cet entretien, le manager doit également informer le salarié sur les dispositifs de formation et d'orientation nécessaires pour atteindre son projet professionnel (e-learning, plan de développement des compétences, compte personnel de formation, etc.).

 # vidéo
L'entretien professionnel - 3,39 min
foucherconnect.fr/21rhc55

2 Argumentez sur la nécessité pour un employeur et un salarié d'avoir recours à la formation.

....

....

....

3 Expliquez l'intérêt pour Jean-Jacques de demander un entretien professionnel.

....

....

....

DOC 7 L'évaluation à 360°

Généralement destinée aux responsables et aux managers, l'évaluation à 360° est un outil d'évaluation et de développement qui donne lieu à l'évaluation des comportements, des compétences et des aptitudes d'un collaborateur par différents acteurs de son environnement de travail.
Anonyme, cet outil d'évaluation permet d'évaluer de manière plus large, plus objective et plus complète le travail effectué par le collaborateur sur l'année. Cette méthode permet notamment de dégager les points forts et les axes d'amélioration du salarié et de le faire évoluer sur le plan professionnel. Coûteuse, la diversité des acteurs rend la coordination et le traitement des résultats également plus difficile à généraliser.

© Foucher

RHC NEWS

En Europe, seulement 36 % des entreprises trouvent l'entretien annuel d'évaluation suffisant et efficace pour évaluer leurs salariés.

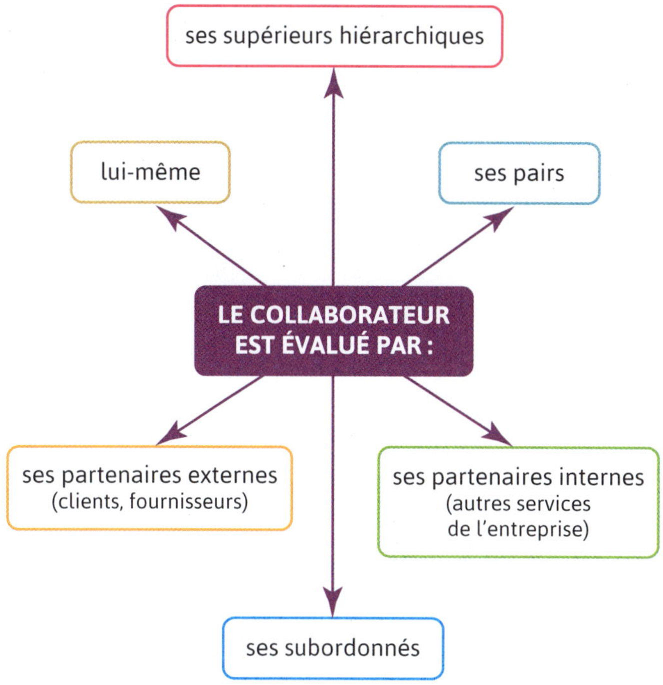

4 Listez les avantages et les inconvénients de l'évaluation à 360° pour l'entreprise.

Avantages	Inconvénients
....	....
....	....
....	....
....	....

5 Expliquez l'intérêt pour Jean-Jacques de recourir à une évaluation à 360°.

....

....

....

DOC 8 Autoévaluation de Jean-Jacques (extrait)

Cher Jean-Jacques, afin de faciliter la préparation de votre entretien annuel d'évaluation, veuillez remplir l'autoévaluation suivante. Vos réponses seront ensuite discutées avec votre manager lors de votre entretien annuel d'évaluation du 18 janvier prochain.

Nom, prénom : Césaire Jean-Jacques	**Date** : le 05/01/2020
Intitulé du poste : Responsable clientèle	
1. Quels étaient les objectifs définis de l'année écoulée (quantitatifs et qualitatifs) ?	....
2. Dans quelle mesure chacun de ces objectifs a-t-il été atteint ?	....
3. Quels sont les points positifs de l'année écoulée ?	....
4. Quels sont les points à améliorer ?	....
5. Quels sont vos projets à moyen terme ?	....

6 Trouvez les avantages de l'autoévaluation pour le salarié et l'entreprise.

Pour le salarié : ....

....

Pour l'entreprise : ....

....

3 Le bilan de compétences

À la suite de son entretien annuel d'évaluation, Jean-Jacques se renseigne sur la possibilité de réaliser un bilan de compétences.

DOC 9 Le fonctionnement du bilan de compétences

Qu'est-ce que c'est ?
Le bilan de compétences permet au salarié de faire un point sur ses compétences, ses aptitudes et ses motivations.

Pourquoi ?
Pour définir un projet professionnel ou un projet de formation cohérent.

Pour qui ?
- Salarié en CDI justifiant d'une ancienneté d'au moins cinq ans, consécutifs ou non, dont douze mois dans l'entreprise.
- Demandeurs d'emploi.

Quelles autorisations ?
- Si à la demande de l'employeur, il faut l'accord du salarié.
- S'il est réalisé hors temps de travail, l'employeur n'a pas à être informé.

Combien de temps ?
24 heures au maximum réparties sur plusieurs semaines.

© Foucher

1 Indiquez si Jean-Jacques peut bénéficier d'un bilan de compétences.

....

DOC 10 Bilan de compétences de salariés de Banquo

Jean-Jacques : Bonjour Alicia. Où en es-tu dans ton bilan de compétences ? Ça m'intéresse.
Alicia : Je viens de finir la phase préliminaire. J'ai défini avec un professionnel mes objectifs et mes besoins, et l'organisme m'a informé des techniques utilisées pour réaliser ce bilan. J'ai ainsi pu confirmer ma demande. L'organisme t'aide également quand ton projet n'est pas clair.
Jean-Jacques : Est-ce que cela se passe bien avec ton conseiller ?
Alicia : Très bien ! Il est très à l'écoute de mes demandes. Je suis en pleine phase d'investigation. Il analyse mon parcours professionnel et identifie l'ensemble de mes compétences, afin de savoir si mon projet de devenir ébéniste est viable et d'étudier ainsi les possibilités de mise en place.
Jean-Jacques : Va-t-il te proposer quelque chose ?
Alicia : Lors de la dernière phase, celle de conclusion, on définira ensemble les étapes du projet et les besoins en formation, pour que je puisse réaliser mon projet professionnel ainsi que les différents points de vigilance. On me fournira également une synthèse des résultats de mon bilan.

2 Retrouvez les différentes étapes d'un bilan de compétences et leurs objectifs.

Phases	Objectifs
....	....
....	....
....	....
....	....
....	....

3 Expliquez l'intérêt pour Jean-Jacques de réaliser un bilan de compétences.

....

....

3 MIN POUR RETENIR

EN AUDIO · EN VIDÉO · À L'ÉCRIT

foucherconnect.fr/21rhc56

1 Les enjeux de l'évaluation

Pour le salarié
- Développer ses compétences
- Améliorer ses conditions de travail
- Obtenir des opportunités d'évolution

Pour l'organisation
- Réaliser des actions amélioratrices
- Assurer sa pérennité
- Construire sa GPEC

L'évaluation peut être source de stress. Pour l'éviter :

- Faire participer le salarié en amont de l'évaluation
- Mettre en place des entretiens réguliers

2 Les modes d'évaluation

Entretien annuel d'évaluation
- Faire le bilan de l'année écoulée
- Fixer des objectifs pour l'année à venir
- Déterminer la formation du salarié

Entretien professionnel
- Analyser le parcours du salarié
- Identifier le projet professionnel du salarié
- Accompagner le salarié grâce à un plan d'action

Évaluation à 360°
- Faire évaluer le salariés par différents collaborateurs
- Avoir une vision plus objective du salarié

Auto-évaluation
- Préparer en amont l'entretien annuel d'évaluation
- Impliquer le salarié dans le processus d'évaluation
- Comparer la perception du manager et celle du salarié

3 Le bilan de compétences

Phase préliminaire
Définir les objectifs et les besoins du salarié

→ **Phase d'investigation**
Analyser le parcours professionnel et identifier les compétences du salarié pour connaître la viabilité du projet

→ **Phase de conclusion**
Définir les étapes et les besoins en formation ainsi que les points de vigilance

Entraînez-vous !

3 minutes pour s'évaluer

foucherconnect.fr/21rhc57

LE BON MOT

Complétez le texte avec les termes suivants : autoévaluation, projet professionnel, entretien annuel d'évaluation, évaluation à 360°, obligatoire, développer des compétences, bilan de compétences, entretien professionnel, plan d'action, conditions de travail, stress.

L' .... est un moment important de la vie d'un salarié et d'une entreprise. Il permet notamment au salarié d'améliorer ses .... en demandant des aménagements de poste ou de .... en demandant des formations lui permettant de tenir son poste. L'évaluation peut être synonyme de .... pour le salarié. Pour cela, l'organisation peut réaliser des entretiens réguliers en demandant plus fréquemment l'avis du salarié sur son travail et ses difficultés. L' .... est .... et a lieu tous les deux ans. Il permet au salarié de passer en revue son parcours professionnel, d'identifier son .... et d'être accompagné par l'entreprise à travers un .... cohérent. D'autres modes d'évaluation existent et peuvent être mises en place dans une entreprise, comme l' .... qui permet au salarié de s'évaluer lui-même ou l' .... qui consiste à faire évaluer le salarié par différents acteurs (supérieurs hiérarchiques, subordonnés, pairs...). Le .... permet, quant à lui, de faire le point sur les compétences, les aptitudes et les motivations du salarié afin de définir un projet professionnel ou un projet de formation cohérent.

Exercice 1 Identifier les modes d'évaluation

[...] L'évaluation annuelle dans le cadre du management de la performance a ses limites. [...] Qu'il s'agisse d'aborder l'entretien annuel différemment ou instaurer un système de retours en temps réel, voici trois entreprises qui ont su faire évoluer leur management de la performance. [...]

General Electric a pris l'initiative d'abandonner l'évaluation de performance traditionnelle en impliquant ses collaborateurs. [...] C'est comme cela qu'est née l'application « PD@GE », pour « *Performance Development at General Electric* ». L'application a été conçue dans l'objectif de favoriser les conversations productives, ouvertes et honnêtes pour permettre une amélioration continue. Pour cela les employés définissent un certain nombre de critères de priorité dans l'application et peuvent ensuite demander de l'information à n'importe qui dans l'entreprise, ou encore apporter du feedback à d'autres employés et les noter. L'employé a par ailleurs la possibilité de demander des rencontres à tout moment dans l'année. Un autre aspect à noter : le responsable direct ne peut pas avoir accès au dossier du membre de son équipe.

IBM : [...] le management proposait au départ un système d'autoévaluation, il en est ressorti une tout autre idée. « Checkpoint » est le résultat de l'étude des suggestions des employés : il s'agit d'une application qui permet de définir des objectifs à court terme. Les responsables fournissent des retours sur les progrès au moins une fois par trimestre. À la fin de l'année, les employés sont jugés selon cinq critères : résultats commerciaux, impact sur le succès du client, innovation, responsabilité envers les autres et compétences. Les gestionnaires déterminent si les employés ont atteint ou dépassé les attentes sur chacune de ces cinq dimensions ou s'il existe un besoin d'amélioration.

Buffer : cette start-up spécialisée dans les médias sociaux compte environ une centaine d'employés qui travaillent tous à distance. [...] Le constat que les évaluations annuelles n'apportent rien de substantiel aux employés, en plus de leur porter sur les nerfs, a amené la start-up à repenser son système. C'est l'option du feedback continu qui a obtenu la validation de l'équipe : il permet un apprentissage et un renouvellement permanent. Pour cela, Buffer encourage les discussions continues entre les managers et leurs équipes, à l'aide de rencontres individuelles toutes les deux semaines. [...]

« Évaluation annuelle : 3 entreprises qui ont réinventé leur système », Mélanie Le Guen, 20 mars 2019, www.myRHline.com - le média des professionnels ressources humaines

Questions

1. Rappelez les limites de l'évaluation pour le salarié.
2. Repérez les modes d'évaluation choisis par les organisations.
3. Expliquez les avantages que peuvent avoir ces évaluations pour l'organisation et les salariés.

Exercice 2 Examiner un processus d'évaluation

***DÉCRYPTAGE* - Il est lourd à gérer, peu adapté à la vie trépidante en entreprise, décalé par rapport au management par projet ou par mission qui se développe. Alors, pourquoi est-il si difficile à déboulonner ?**

Il a fallu du temps pour qu'il gagne ses galons dans les entreprises... « L'entretien annuel d'évaluation a été une conquête des DRH, dans les années 1990 et 2000, pour faire évoluer la relation dans l'entreprise, et passer du "chef" autoritaire au "manager", tout en accompagnant l'individualisation de la rémunération », rappelle Nicolas Pette, associé chez Oliver Wyman.

Depuis, l'exercice a perdu son aura. Trop bureaucratique, très codifié dans les entreprises, jugé complexe, il est la bête noire de nombre de managers. À la tête d'équipes importantes, ils ne comptent plus les heures passées à préparer ces rencontres puis, devant leur ordinateur, à remplir les cases pour faire remonter les informations. « Un travail parfois dément, sans que toutes les données recueillies ne soient finalement utilisées ensuite », remarque le spécialiste d'Oliver Wyman.

Le « feedback » se fait au fil de l'eau

À l'heure du management par projet – où les collaborateurs travaillent en réalité pour plusieurs managers – et des missions « courtes » qui impliquent d'évaluer les résultats plus souvent (chaque mois, chaque trimestre...), cette grand-messe annuelle est en perte de vitesse. « Dans les entreprises a émergé un "feedback" plus régulier. Elles encouragent les managers à donner un "retour" aux salariés au fil de l'eau. Cela vide de sa substance l'entretien annuel traditionnel », observe Laurence Monnet Vernier, chez Deloitte. D'autres outils se mettent même en place, comme l'entretien à 180°, où le salarié est évalué par les managers pour lesquels il travaille mais aussi par ses collègues, ou encore l'entretien à 360°, où les personnes qui travaillent en dessous de lui sont aussi appelées à donner leur avis.

Des entretiens plus réguliers et plus larges

« Au moins la moitié de nos clients, qui sont plutôt de grands groupes, ont donc fait évoluer l'entretien annuel. Souvent c'est pour le transformer en quelque chose de plus fréquent, de plus régulier et qui n'est pas mené seulement par le manager direct », confirme la spécialiste de Deloitte. Avantage : plus fréquent, le rendez-vous devient moins lourd à préparer et dure moins longtemps. Dans certains cas, les collaborateurs fournissent eux-mêmes sur un logiciel les informations demandées, en complétant un menu déroulant. Enfin, l'évolution de la rémunération dans les entreprises est de plus en plus souvent déconnectée de l'évaluation du collaborateur. L'entretien annuel y perd donc une de ses vocations qui était précisément de déterminer la récompense pécuniaire des salariés performants.

Échapper au court terme pour parler d'avenir

Dans ce contexte, pourquoi l'entretien annuel, si décrié, et même parfois doté de nouveaux concurrents, est-il si difficile à déboulonner ? « Même les entreprises qui avaient décidé de le supprimer ont tendance à réinstaller au bout d'un moment une rencontre physique une fois par an entre le collaborateur et son manager », indique Laurence Monnet Vernier.

Elles y voient l'occasion de s'abstraire du « court termisme », qui dicte le rythme des échanges au quotidien, pour voir plus loin, prendre du recul, parler d'avenir. Elles ont aussi noté une attente des collaborateurs qui apprécient qu'on leur consacre un peu de temps au calme pour évoquer la façon dont ils travaillent globalement. Alors qu'il est devenu courant de tout évaluer en permanence, en attribuant des étoiles aussi bien au chauffeur de taxi qu'aux sites d'e-commerce, « l'entretien annuel redonne de la place pour un dialogue, une réflexion », remarque Nicolas Pette. Selon lui, l'exercice imposé devient de plus en plus « un moment d'échange moins normé ».

© Anne Bodescot / lefigaro.fr / 17.02.2020

Questions

1. Rappelez les objectifs de l'entretien annuel d'évaluation pour le salarié et l'entreprise.
2. Identifiez pourquoi l'entretien annuel d'évaluation est critiqué.
3. Trouvez les possibles actions à mettre en place afin de rendre cette évaluation plus pertinente.

Le déclic

Analysez bien les consignes pour répondre au travail demandé.

> Pour répondre à la question « Identifiez... », n'hésitez pas à surligner, avec un code couleurs que vous aurez défini, votre texte. Vous pourrez ainsi retrouver plus facilement les éléments demandés.

Entraînez-vous !

Exercice 3 Étudier des situations d'évaluation en entreprise

DOC 1 Le système du *ranking*

Le *ranking* est une méthode d'évaluation qui vise à classer les salariés d'une entreprise en différentes catégories (généralement des plus performants au moins performants) selon des critères de performance professionnelle. En fonction du classement et de la performance du salarié, celui-ci verra son salaire augmenter ou non. Les critères retenus doivent cependant être objectifs, non discriminatoires, préétablis et connus de tous les salariés.

DOC 2 Le *ranking* chez Balance le son

Référence française de la vente d'instruments de musique en France, Balance le son propose depuis de nombreuses années un système de *ranking* pour évaluer ses salariés. Une pratique aujourd'hui décriée, comme le relève Sami J., responsable syndicat au sein du groupe : « Le *ranking* qui vise à classer les salariés entraîne énormément de stress, certains salariés savent qu'une mauvaise note peut être un frein à l'augmentation de leur rémunération et entraîner un probable licenciement. » Un salarié qui a souhaité témoigner de façon anonyme raconte : « La pression et la compétition entre nous sont de plus en plus fortes, j'ai l'impression d'être à l'école et d'être noté par un professeur. » Une pratique qui n'en demeure pas moins légale, car reposant sur des critères objectifs et des critères connus de tous les salariés. Une fois par an, l'organisation évalue à travers ces critères chaque collaborateur en leur attribuant une note de 1 (très bonne performance) à 10 (mauvaise performance). À la suite de cette note, le salarié se verra attribuer un pourcentage d'augmentation de salaire. Une pratique qui, selon Sylvie Martin, DRH du groupe, « tend surtout à récompenser les salariés qui ont été performants et à aider, par un accompagnement individuel, ceux qui ont besoin d'être aidés ».

DOC 3 L'évaluation en période inédite

Après une année bouleversée par la crise de la Covid-19, l'entretien annuel d'évaluation a été particulièrement difficile au sein de Balance le son. « C'est une année inédite, entre la fermeture de nos magasins et le télétravail de la majorité de nos acteurs, beaucoup de nos salariés se sont posé des questions sur leur projet professionnel », constate Sylvie Martin, DRH du groupe. Le télétravail a en effet bouleversé dans de nombreuses entreprises le rapport entre les collaborateurs. La communication entre manager et salarié n'a pas été optimale et les conflits n'ont pas toujours été résolus. Cela s'est ressenti durant les entretiens annuels d'évaluation. « Le temps n'a pas toujours été pris pour préparer les entretiens, la réouverture des magasins a entraîné un surcroît de travail important sans qu'on prenne le temps d'écouter les besoins des salariés », analyse Zeïd Khaldoun, directeur d'un organisme d'audit spécialisé dans la crise sanitaire.

Au sein de Balance le son, les entretiens effectués à distance n'ont pas forcément aidé à faire de ces moments un instant fédérateur et stratégique, comme en témoigne Sylvie Martin : « Le non-verbal est difficilement analysable à distance, certains salariés ont également été plus incisifs dans leurs revendications ». « Les objectifs inatteignables au regard de la crise, le chômage partiel qui a touché certains salariés du groupe, la mise en place complexe du télétravail n'ont pas forcément été pris en compte par l'entreprise. Peu d'augmentations salariales ont été données », affirme Sami J., syndiqué au sein du groupe. Le manager et les comités de direction doivent prendre en compte la dimension Covid-19 en revoyant les objectifs stratégiques à la baisse, estime Zeïd Khaldoun, quitte à les reconsidérer au cours d'année. « Il est clair que tous les salariés n'ont pas pu être augmentés cette année, nous avons essayé de mettre l'accent sur d'autres éléments comme l'amélioration de la qualité de vie au travail, la mise en place de formation à distance ou encore la généralisation du télétravail », précise Sylvie Martin. Des efforts jumelés à des points réguliers avec les salariés qui pourront permettre à l'entreprise « de retrouver la croissance en fin d'année », espère la DRH du groupe.

Questions

1. Identifiez l'objectif du *ranking* au sein de Balance le son.
2. Expliquez pourquoi cette pratique peut être jugée stressante pour les salariés.
3. Analysez les limites de l'évaluation durant la crise sanitaire chez Balance le son.
4. Identifiez les actions mises en place par Balance le son pour atténuer ce phénomène.

4 La gestion des compétences

DÉCOUVRIR EN VIDÉO
Comment améliorer son employabilité ? - 2,19 min
foucherconnect.fr/21rhc58

Sami, chef de secteur, souhaite réaliser une formation en ressources humaines

Terroir du Cacao est une chaîne de magasins française spécialisée dans la production et la vente de chocolats artisanaux. Sami, chef de secteur depuis six ans dans la région lyonnaise, souhaite réaliser une formation en lien avec les ressources humaines. Il s'entretient avec Anika Khan, la responsable formation du groupe.

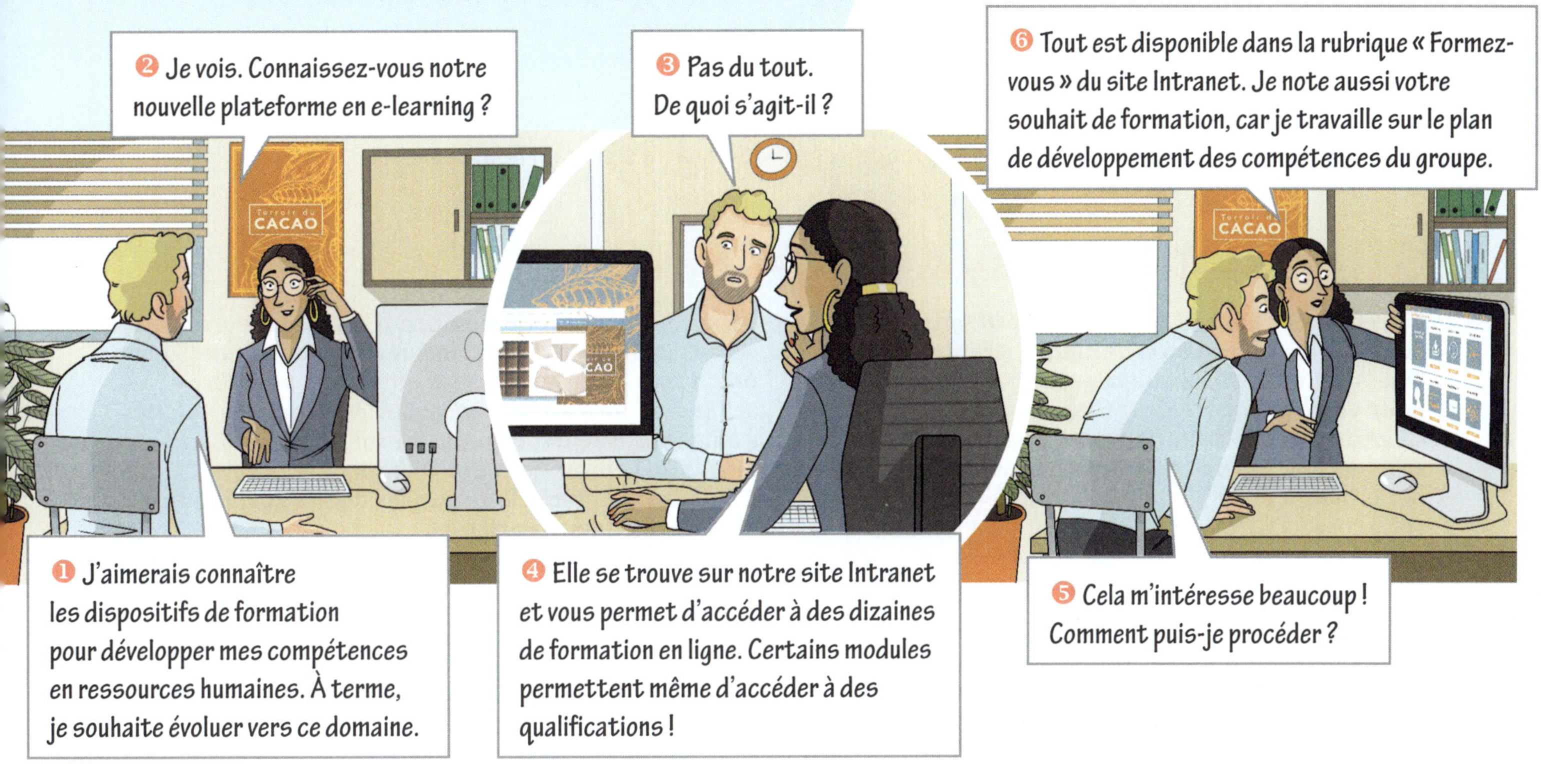

> **Pourquoi Sami sollicite-t-il la responsable formation du groupe ?**

....

....

> **Quel est le mode de formation proposé par Anika ?**

....

....

....

Passerelles

1re SDGN - Compétences et qualification - Profils de compétences

CAPACITÉS ✖ Appréhender les moyens permettant à l'organisation de faire évoluer les compétences collectives et individuelles ✖ Analyser les dispositifs visant à favoriser la mobilité professionnelle

Notions

Formation professionnelle continue, e-learning, plan de développement des compétences + gestion des parcours professionnels + employabilité + plan de transition professionnelle – compte personnel de formation + mobilité professionnelle

1 La gestion des compétences de l'organisation

Sur les conseils d'Anika Khan, Sami consulte les différents documents de la rubrique formation du site Intranet de l'entreprise.

DOC 1 Nouvel accord GPEC pour le groupe Terroir du Cacao (extrait)

Dans le cadre d'un renouvellement important des effectifs et des compétences et en raison des départs à la retraite et des évolutions économiques et technologiques, Terroir du Cacao a signé un nouvel accord GPEC pour une durée de trois ans. Cet accord vise principalement à :

- répondre à l'obligation légale de l'organisation en assurant l'adaptation des salariés à leur poste de travail et aux évolutions de l'entreprise ;
- adapter une politique de formation, notamment continue, visant à faciliter l'apprentissage et l'évolution des compétences des salariés, en développant notamment les parcours professionnels à travers des mobilités internes et externes ;
- développer les compétences des salariés afin d'assurer son employabilité et de sécuriser son parcours professionnel.

1 Surlignez les raisons qui ont conduit le groupe Terroir du Cacao à signer un nouvel accord.

DOC 2 Gestion des compétences chez Terroir du Cacao

Entretien avec Justine Dumont, DRH du groupe Terroir du Cacao, pour l'émission de radio Entreprises FM

Quels sont les enjeux de la gestion des compétences pour votre groupe ?

La gestion et le développement des compétences de nos salariés sont essentiels à l'atteinte de nos objectifs de performance et de pérennité. En phase avec notre nouvel accord de GPEC, notre objectif est d'adapter les compétences de nos salariés aux objectifs stratégiques de notre organisation. Enfin, sur un marché en crise et en mutation, la préservation de nos emplois et de nos compétences fait partie du champ principal de notre RSE.

Comment procédez-vous pour gérer les compétences de vos salariés ?

Au-delà de l'obligation légale qui doit permettre l'accès de tous à la connaissance et aux compétences et qui oblige chaque entreprise à accorder un pourcentage de sa masse salariale pour former ses salariés, la formation est pour nous un outil essentiel pour développer les savoirs et les aptitudes de nos collaborateurs. À travers l'élaboration du plan de développement des compétences, nous résumons les objectifs à atteindre et les actions de formation envisagées pour que les salariés s'adaptent à leur poste de travail et que les compétences de l'entreprise se développent.

Comment se déroule le processus de formation au sein de votre entreprise ?

Tout d'abord, nous devons analyser les besoins que nous avons en formation, grâce notamment aux entretiens annuels d'évaluation. Sur le secteur de la vente par exemple, avant de solliciter nos partenaires extérieurs spécialisés sur un domaine précis, nous retenons des collaborateurs à former. Nous réalisons ensuite la formation avant de la faire évaluer par les salariés formés pour valider la pertinence de celle-ci. Enfin, et bien après la formation réalisée, nous continuons à suivre nos salariés en les accompagnant sur ce qu'ils ont appris sur le sujet.

2 Repérez les enjeux en matière de gestion des compétences pour l'organisation.

Enjeu stratégique	Enjeu social	Enjeu légal
....	....	....
....	....	....
....	....	....
....	....	....

3 Présentez les stratégies mises en place par le groupe pour accompagner la gestion des compétences.

....

....

....

....

Anika Khan finalise le plan de développement des compétences de l'organisation à envoyer aux différents managers du groupe.

DOC 3 Plan de développement des compétences de Terroir du Cacao

De : a.khan@terroirducacao.fr
À : groupe_manager (FR)
Objet : Plan de développement des compétences

Bonjour à tous,

Expression directe de notre politique de formation, le plan de développement des compétences est un élément clé pour le développement des compétences de nos collaborateurs, notre image de marque et notre performance. Il a pour vocation d'adapter les compétences aux évolutions des métiers et de recenser l'ensemble des actions de formation que nous mettons en place pour nos salariés en distinguant :

– les actions de formation obligatoires ou nécessaires qui vont conditionner l'exercice d'une fonction par un salarié ;
– les actions de formation dites non obligatoires qui peuvent découler de l'envie du salarié.

Nous entendons donner à chaque collaborateur les moyens nécessaires pour construire un parcours professionnel dans de bonnes conditions et ainsi favoriser son employabilité. En effet, la capacité d'un collaborateur à se mobiliser rapidement pour conserver ou évoluer dans son emploi, ou dans une autre fonction, est pour nous un élément majeur de notre politique de ressources humaines.

Dans ce cadre, veuillez nous transmettre dès que possible vos besoins en formation pour l'ensemble des salariés de votre service.

Bien à vous,
Anika Khan, responsable formation - Terroir du Cacao

4 Définissez la notion d'employabilité.

....

....

....

 # vidéo
Le plan de développement des compétences - 1,33 min
foucherconnect.fr/21rhc59

5 Indiquez les objectifs du plan de développement des compétences.

Pour l'entreprise : ....

....

Pour les salariés : ....

....

DOC 4 Plan de développement des compétences du service commercial (extrait)

Intitulé de la formation	Objectifs	Groupe métier	Durée	Nombre de stagiaires
Augmenter ses ventes	Connaître le client pour mieux vendre son produit	Conseiller clientèle	18 h	4
Négociation commerciale	Mesurer les enjeux de la négociation et valoriser ses produits	Manager	16 h	3
Culture digitale et commerciale	Comprendre les enjeux et maîtriser les tendances du digital	Manager	18 h	1
Développer la satisfaction de vos clients	Communiquer pour mieux satisfaire ses clients et développer la fidélisation	Conseiller clientèle	14 h	2
Mode et moyen de financement	OPCA (Organisme paritaire collecteur agréé)			
Date retenue	Mars 2021			

6 Expliquez en quoi ce plan de développement des compétences répond à la stratégie de performance du groupe.

....

....

....

2 La gestion des compétences du salarié

« À la suite de son entretien avec Anika, Sami souhaite parfaire sa connaissance sur les dispositifs liés au développement des compétences. Il échange avec plusieurs collègues.

DOC 5 Discussion sur la formation professionnelle continue

Sami : Terroir du Cacao accorde-t-il de l'importance à la formation selon toi ?
Murielle : Oui, j'ai compris dès mes entretiens de recrutement que le groupe accorde une grande importance à la formation de ses collaborateurs. C'est d'ailleurs ce qui a motivé mon choix de travailler ici. J'ai besoin d'apprendre au quotidien et de rester employable sur le marché du travail au cas où l'aventure Terroir du Cacao s'arrête un jour.
Sami : Comment te formes-tu au quotidien ?
Murielle : Je me forme par la formation professionnelle continue. Je n'ai pas eu la chance de faire de longues études lorsque j'étais plus jeune et la formation professionnelle continue me permet d'acquérir de nouvelles compétences à travers ma vie active. J'ai même pu obtenir un CAP Pâtissier grâce à ce dispositif. Je me forme également régulièrement avec les outils e-learning du groupe.
Sami : Est-ce si important pour toi ?
Murielle : Oui, la formation est pour moi un outil essentiel de motivation dans des métiers parfois monotones. Avec la formation, mes compétences et mes responsabilités ont également évolué. J'ai aujourd'hui la charge de la confection des nouvelles gammes, alors que j'ai commencé en tant qu'apprentie. L'entreprise est attentive à moi et je me sens pleinement intégrée dans le groupe.

1 Identifiez les avantages de la formation professionnelle continue pour les salariés du groupe.

....

....

2 Expliquez en quoi la formation professionnelle continue peut être un facteur de fidélisation du salarié.

....

....

....

DOC 6 Témoignage d'une employée sur une formation en e-learning proposée par Terroir du Cacao

« Au début, je dois vous avouer que je n'étais pas trop partante pour réaliser cette formation en e-learning. Les ordinateurs, Internet, etc., ce n'est pas trop pour moi. Toutefois, quand j'ai compris combien l'organisation avait investi dans ce dispositif, je me suis dit que j'allais quand même y participer. L'interface de la formation est vraiment géniale et je dois vous avouer que faire la formation de chez moi m'a plu. En temps normal on est formé au siège et cela me prend presque trois heures de trajet. Le fait de pouvoir progresser à mon rythme et de refaire les modules que je n'ai pas compris est un élément non négligeable selon moi, même si ne pas avoir un formateur face à moi me gêne un peu. »

3 Indiquez, à l'aide du doc 6 et de vos recherches, les avantages et les inconvénients des formations e-learning.

	Pour l'entreprise	Pour le salarié
Avantages	....	....
Limites	....	....

DOC 7 Discussion sur le compte personnel de formation

Sami : Ça va Honoré ? Où étais-tu pendant tout ce temps ?
Honoré : Je reviens tout juste de ma formation. Je me suis absenté quelques mois pour obtenir un diplôme *via* la formation continue.
Sami : Comment as-tu fait ? Cela a dû te coûter une fortune !
Honoré : Non, du tout, et cela grâce au compte personnel de formation. Dès lors que tu es salarié, tu reçois de l'argent chaque année sur un compte destiné à te financer des formations ou des certifications.
Sami : Est-ce que je peux financer n'importe quelle formation diplômante ?
Honoré : Non, pour que la formation soit éligible au CPF, elle doit être reconnue au Répertoire national des certifications professionnelles (RNCP). Toutes les formations ne le sont pas.

DOC 8 Le compte personnel de formation

Le compte personnel de formation (CPF), permet à toute personne de 16 ans et plus, dès son entrée sur le marché du travail, d'acquérir des droits à la formation mobilisables tout au long de son parcours professionnel. Chaque année, et afin de permettre de favoriser l'employabilité du salarié, le CPF est crédité à hauteur de 500 euros par an (800 euros pour les salariés peu ou pas qualifiés) pour les salariés ayant effectué une durée de travail supérieure ou égale à la moitié de la durée légale du travail. Le montant accumulé pourra dès lors être utilisé pour réaliser des actions de formation ou obtenir une certification diplômante. L'ambition du CPF est ainsi de contribuer, à l'initiative de la personne elle-même, au maintien de l'employabilité et à la sécurisation du parcours professionnel.

© Foucher

4 Identifiez en quoi consiste le compte personnel de formation.

5 Expliquez en quoi le CPF permet de sécuriser le parcours professionnel du salarié.

RHC NEWS

32 % des Français suivent une formation professionnelle chaque année. Ces formations peuvent être plurielles (changement de métier, apprendre l'anglais, s'améliorer en informatique...).

DOC 9 Exemple de formations possibles pour Sami *via* un CPF

Chargé(e) des ressources humaines
Par SUP DES RH
- 7 680 €
- 350 h
- À distance
- Chargé(e) des ressources humaines

Manager des ressources humaines
Par IPAC
- 11 400 €
- À distance
- Manager des ressources humaines

Source : https://www.moncompteformation.gouv.fr/

 # vidéo
Le compte personnel de formation - 1,25 min
foucherconnect.fr/21rhc60

6 Indiquez les bénéfices du recours au CPF pour Sami.

7 Expliquez en quoi ce dispositif permet de favoriser l'employabilité du salarié.

Après avoir été formé en e-learning sur une formation en ressources humaines, Sami se renseigne désormais sur la possibilité de réaliser une mobilité au sein de l'organisation afin d'occuper un poste dans ce domaine.

DOC 10 Les différents types de mobilité

Mobilité organisationnelle
À l'intérieur du même établissement

- **Mobilité verticale**
  Franchissement de hiérarchie. Associé à la notion de promotion.
  Ex. : Mathilde est passée du poste de chargée de recrutement au poste de responsable de recrutement.
- **Mobilité fonctionnelle**
  Changement de fonction sans changement hiérarchique.
  Ex. : Nicolas est passé du poste de chargé de formation au poste de chargé de communication.

Mobilité géographique
Changement d'établissement, région, pays...

- **Mobilité intra-organisationnelle**
  Au sein de la même entreprise.
  Ex. : Après avoir travaillé sur Marseille, Mamadou accepte un poste de chargé de mission handicap à Bordeaux.
- **Mobilité inter-organisationnelle**
  Au sein d'une entreprise différente.
  Ex. : Grace quitte l'entreprise Terroir du Cacao pour rejoindre un concurrent.

© Foucher

DOC 11 Projet de transition professionnelle au sein de Terroir du Cacao

Sami : Bonjour Lyasmine ! J'ai appris que tu avais bénéficié d'un projet de transition professionnelle. Peux-tu me rappeler ce que c'est ?

Lyasmine : C'est un dispositif qui permet aux salariés souhaitant changer de métier ou de profession de financer des formations certifiantes en lien avec leur projet.

Sami : Ça a l'air très intéressant. As-tu fait ça en parallèle de ton travail ? Ça fait six ans que je suis sur le même poste et ça commence à faire long…

Lyasmine : Non, c'est l'avantage du projet de transition professionnelle, tu peux bénéficier d'un droit aux congés et même maintenir ta rémunération pendant toute l'action de formation. Tu dois simplement justifier d'une ancienneté d'au moins vingt-quatre mois, consécutifs ou non, en qualité de salarié dont au moins douze mois dans l'entreprise.

Sami : Et que fais-tu maintenant ? Tu es toujours sur Paris ? Toujours chargée de communication ?

Lyasmine : Non, après ma formation, j'ai été mutée à Marseille. Aujourd'hui je suis responsable communication du groupe Terroir du Cacao, mais pour la région Sud. Tout se passe très bien. Grâce à cette mobilité j'ai eu ce que je voulais, j'ai pu augmenter mon salaire, j'ai des responsabilités et la considération de ma hiérarchie.

8 Caractérisez les mobilités réalisées par Lyasmine.

....

9 Identifiez les facteurs de motivation qui ont poussé Lyasmine à changer de poste.

....

10 Expliquez l'intérêt pour Sami de bénéficier d'un projet de transition professionnelle.

....

11 Indiquez si Sami peut bénéficier de ce projet de transition professionnelle.

....

3 MIN POUR RETENIR

EN AUDIO · EN VIDÉO · À L'ÉCRIT

foucherconnect.fr/21rhc61

1 La gestion des compétences de l'organisation

Les enjeux

- Répondre aux obligations légales
- Adapter les compétences aux évolutions des métiers
- Préserver les emplois
- Augmenter la performance
- Développer l'employabilité des collaborateurs

Les outils

- **Le plan de développement des compétences**

2 La gestion des compétences du salarié

Les enjeux

- Augmenter ses compétences
- Augmenter sa motivation
- Acquérir des certifications diplômantes
- Augmenter son salaire
- Augmenter son employabilité

Les outils

- La formation professionnelle continue
- Le e-learning
- Le compte personnel de formation
- Le projet de transition professionnelle

La mobilité

- **verticale**
- **fonctionnelle**
- **géographique**
  - intra-organisationnelle
  - intra-organisationnelle

Entraînez-vous !

3 minutes pour s'évaluer

foucherconnect.fr/21rhc62

MOTS MÊLÉS

Retrouvez dix mots-clés du cours dissimulés dans cette grille.

S	R	U	O	C	R	A	P	Ç	D	O	A	D	K	Z	I	C	D	C	l
G	C	E	U	Q	I	H	P	A	R	G	O	E	G	A	X	Z	B	B	S
Y	W	Ç	E	E	S	P	Y	T	X	L	A	B	Ç	E	J	N	X	S	D
R	S	Y	L	C	D	A	Z	Q	R	L	D	J	A	H	M	T	P	X	B
E	J	G	A	N	Z	C	F	L	X	L	E	E	Ç	C	A	G	J	O	V
D	E	Q	C	A	C	S	D	V	U	Q	V	L	H	B	I	C	D	Q	K
P	M	U	I	M	B	L	J	X	Z	N	E	W	Q	E	Z	O	P	U	B
E	P	O	T	R	T	C	A	N	G	I	L	M	C	K	B	M	M	Y	V
J	L	Q	R	O	P	L	M	D	R	K	O	M	T	G	S	P	C	V	P
A	O	F	E	F	V	J	R	X	S	V	P	O	G	X	L	E	L	G	S
C	Y	Ç	V	R	A	H	H	W	C	O	P	B	I	G	U	T	C	E	C
J	A	Ç	V	E	Z	M	Q	A	E	K	E	I	J	Z	E	E	X	C	
E	B	L	S	P	O	J	J	Y	X	H	M	L	R	H	C	N	W	S	X
Ç	I	T	V	X	T	U	M	B	I	F	E	I	F	Z	K	C	W	C	F
L	L	I	I	W	P	X	Y	Y	I	P	N	T	A	U	S	E	L	R	O
K	I	C	Ç	W	R	Ç	W	G	D	O	T	E	Ç	R	U	S	N	T	T
K	T	K	H	P	P	N	O	I	T	A	M	R	O	F	V	P	H	F	l
H	E	C	M	N	Y	F	O	N	C	T	I	O	N	N	E	L	L	E	L

Exercice 1 Identifier les types de mobilité

DOC Témoignages de salariés sur des mobilités obtenues

Donatien, 49 ans : Mon métier de responsable communication commençait à me peser un peu, je faisais toujours les mêmes tâches, malgré les responsabilités. Avec mon CPF, je me suis formé à distance sur les métiers des ressources humaines et j'ai postulé en interne au poste de responsable RH, car ce domaine m'a toujours plu. Après trois entretiens, j'ai enfin eu le poste !

Zina, 30 ans : Après cinq ans passés à Bordeaux en tant qu'auditrice pour un grand groupe, j'avais besoin de voir autre chose. Après une formation en e-learning en espagnol, le service RH a été très conciliant et m'a proposé de partir en Espagne pour y être auditrice. Je n'ai pas hésité ! Le climat, la qualité de vie, la reconnaissance de mon travail, tout y est !

Raj, 33 ans : Je suis arrivé chez Nike en 2010 en tant que conseiller commercial après un BTS. J'ai travaillé de longues années dans une boutique parisienne. Tout s'est toujours bien passé, je dépassais régulièrement les objectifs fixés. En 2015, j'ai été formé grâce au plan de développement des compétences du groupe et on m'a proposé de prendre plus de responsabilités. Je suis devenu responsable de magasin. J'aime vraiment ce que je fais et mon salaire a augmenté !

Coralie, 46 ans : Au sein de mon groupe, évoluer était devenu mission impossible. Cinq ans à être sur le même poste de commercial sans avoir la moindre perspective d'évolution. J'ai postulé sans trop d'espoir à un poste de chef d'équipe chez un concurrent tout en me formant sur mon temps libre grâce à une formation continue sur le management. Deux mois après, j'ai eu un entretien en visioconférence et j'ai été prise ! Quel bonheur !

© Foucher

Questions

1. Identifiez les mobilités évoquées dans chaque cas.
2. Repérez, pour chaque mobilité, le dispositif mis en place pour l'accompagner.
3. Identifiez les facteurs de motivation qui découlent de ces mobilités.

Exercice 2 Examiner la formation pendant la crise de la Covid-19

Pour les responsables de ressources humaines, près d'un emploi sur deux présente un risque d'obsolescence des compétences à trois ans, selon le dernier Baromètre Cegos. Les salariés se disent unanimement prêts à se former pour s'adapter, en s'appuyant sur les webinaires, le e-learning ou le e-tutorat.

De la continuité dans le changement. Réalisé en juillet auprès de 1 800 salariés et 250 DRH d'entreprises privées de 50 collaborateurs ou plus, en France, Allemagne, Italie et Espagne, le baromètre 2020 « Transformations, Compétences et Learning » de Cegos démontre l'accélération des mutations liées au Covid dans ce secteur de la formation continue dont il est leader. « Il apparaît que les entreprises ont fait un gros effort pour adapter leurs formations pendant et depuis le confinement : 88 % ont ainsi continué à former en ligne leurs collaborateurs, mettant l'accent sur les métiers qui devaient évoluer le plus rapidement comme les commerciaux par exemple », constate Mathilde Bourdat, le directeur Offre et Expertise formation de Cegos. En France, un salarié sur deux s'est formé à distance pendant la pandémie, et même 64 % pour la moyenne européenne, avec un indice de satisfaction de 97 % pour ces classes virtuelles, webinaires, e-learning, et autres e-tutorats. Les deux tiers de ces formations étaient prévues avant la crise et ont basculé à distance si nécessaire, tandis que le tiers restant correspond à des modules rajoutés pour aider les salariés à faire face à la situation, sous l'incitation notamment des aides gouvernementales.

[…] L'autre volet du baromètre porte sur les enjeux de transformation des entreprises en termes de compétences. Ainsi 27 % des sondés estiment que les évolutions technologiques (intelligence artificielle, robotisation) pourraient faire disparaître leur métier et 81 % modifier le contenu de leur travail. « Il n'y a donc pas de déni de réalité, contrairement à la vision des responsables de ressources humaines qui ont tendance à surévaluer à quel point les collaborateurs se sentent dépassés. Élément rassurant : salariés et RH sont confiants à 92 % dans la capacité de leur organisation à anticiper ces transformations. Et 90 % des collaborateurs sont prêts à prendre l'initiative d'une formation », note Christophe Perilhou, Directeur Learning et Solutions, de Cegos. Le développement des compétences est considéré comme un levier stratégique face aux transformations par 85 % des sondés. Et les DRH privilégient à 75 % la mise à niveau de leurs forces vives, plutôt que les recrutements externes (48 %) ou les reconversions (36 %) pour adapter l'entreprise au changement. Les salariés considèrent même que cette montée des qualifications relève de leur responsabilité partagée avec l'employeur : les 2/3 sont prêts à se former sur leur temps personnel et 1/3 à financer leur formation. […] Fondamental alors que les DRH considèrent qu'un emploi sur deux présente un risque d'obsolescence à horizon 3 ans, et que, signe de maturité des salariés, 8 sur 10 se disent attentifs à cet enjeu.

[…] Pour tous, les compétences digitales et comportementales doivent être renforcées : savoir communiquer au travers du numérique, insuffler l'esprit d'initiative, collaborer à distance… Avec des formations faciles d'accès, simples, voire ludiques, au plus proche des situations réelles de travail.

Alors que 67 % des DRH estiment que leurs dépenses de formation sur fonds propres vont se stabiliser, Cegos, présent dans 12 pays, constate une rentrée globalement bonne pour le secteur qui devrait terminer l'année 2020 « avec une baisse de chiffre d'affaires de 20-25 % si la seconde vague de la pandémie est faible, de 40 % si elle est forte », selon Guillaume Huot, membre du directoire de Cegos.

La crise, engendrant une demande de formation fortement digitalisée, pourrait entraîner un phénomène de consolidation du marché, qui passerait à une logique plus industrielle.

Martine Robert, *Les Echos*, 17 octobre 2020

Questions

1. Indiquez pourquoi les entreprises ont dû adapter leur formation pendant le confinement.
2. Expliquez en quoi ces formations permettent de garantir l'employabilité des salariés.
3. Expliquez l'enjeu de la gestion des compétences pour les organisations en transformation.

Le déclic

Analysez bien les consignes pour répondre au travail demandé.

> Pour répondre aux questions posées vous devrez être attentifs aux chiffres donnés dans le document. Certains chiffres, quand ils proviennent d'une source fiable et récente, peuvent parfaire votre argumentaire pendant le Grand Oral. Ils sont cependant à utiliser avec modération !

Entraînez-vous !

Exercice 3 Étudier un dispositif de gestion des compétences

DOC 1 La validation des acquis de l'expérience (VAE)

La validation des acquis et de l'expérience permet à tout individu ayant exercé une activité professionnelle d'obtenir une certification, un titre ou un diplôme.
Toute personne désireuse de faire une VAE doit justifier d'au moins un an d'expérience à temps complet (soit 1 607 heures) dans des domaines variés comme le bénévolat, une activité professionnelle salariée ou non ou encore un poste de responsabilité syndicale.

© Foucher

DOC 2 Les étapes de la VAE

Denis se renseigne sur le dispositif de VAE. Il rencontre Joy, une collègue qui en a réalisé une l'année dernière.

Denis : Qu'est-ce que la VAE ?

Joy : La VAE est un dispositif qui permet à des salariés ou non-salariés (bénévoles, demandeurs d'emploi…) de faire reconnaître leur expérience professionnelle afin d'obtenir une certification professionnelle, un titre ou un diplôme. N'ayant jamais eu de diplôme dans mon domaine, je voulais d'abord en passer un, avant que ma responsable formation me parle de ce dispositif et que cette VAE soit acceptée par l'entreprise.

Denis : Comment s'est déroulée cette validation ? Je suis salarié depuis trois ans à temps plein dans notre entreprise et ce dispositif me tente.

Joy : Après avoir défini un projet avec mon conseiller carrière et choisi la formation que je voulais faire, j'ai préparé et envoyé mon dossier d'expérience à l'organisme certificateur. Je suis ensuite passée devant un jury qui m'a fait passer un exercice de mise en situation pour voir si j'avais vraiment les compétences pour obtenir ce diplôme. On m'a finalement informée que j'avais obtenu mon BTS Support à l'Action Managériale quelques semaines après !

Denis : Qu'est-ce que cela t'a apporté ?

Joy : Je suis enfin reconnue à ma juste valeur, par mon salaire notamment. Je suis aussi plus motivée par mon travail. J'ai le sentiment que mon évolution professionnelle sera dorénavant facilitée par ce diplôme.

© Foucher

DOC 3 Des exemples de diplômes accessibles avec une VAE

TP Assistant ressources humaines

Niveau Bac +2 / DUT / BTS

Il traite des informations émanant de la direction du personnel ou de tiers et respecte les règles de confidentialité en toutes circonstances.

L'assistant ressources humaines crée et met à jour les dossiers individuels du personnel. Il répond aux questions du personnel concernant ses droits et obligations. Il

… lire la suite

Je veux ce diplôme

BTS Tourisme

Niveau Bac +2 / DUT / BTS

Le titulaire du diplôme exerce son métier en relation d'une part avec les touristes individuels ou collectifs, d'autre part avec les offreurs de prestations touristiques.

Ce professionnel du tourisme peut :

- informer et conseiller les clients français et étrangers sur des prestations relevant du domaine du tourisme ;

… lire la suite

Je veux ce diplôme

BTS Banque, conseiller de clientèle (particuliers)

Niveau Bac +2 / DUT / BTS

Le titulaire du BTS Banque-conseiller de clientèle (particuliers) exerce une fonction commerciale et technique dans un établissement du secteur bancaire et financier, sur le marché des particuliers. Il commercialise l'offre de produits et services de son établissement, informe et conseille la clientèle dont il a la charge et prospecte de nouveaux clients. Dans ce métier de conseil et de vente,

… lire la suite

Je veux ce diplôme

Source : https://avril.pole-emploi.fr/diplomes

Questions

1. Identifiez si Denis peut bénéficier d'une VAE.
2. Présentez les intérêts du recours à une VAE pour Denis.
3. Indiquez les avantages pour une organisation d'avoir un salarié qui bénéficie d'une VAE.

5 La RSE et la motivation

DÉCOUVRIR EN VIDÉO
La motivation chez Google
- 2,06 min
foucherconnect.fr/21rhc47

Yacine, directeur d'Au Bon Coin, souhaite remotiver ses salariés

Au Bon Coin est une enseigne française de supermarché basée à Marseille et disposant de dix points de vente dans toute la France. À la lecture du bilan social d'un magasin situé dans le quatorzième arrondissement de Marseille, Yacine Mammeri, directeur général de l'enseigne, s'inquiète. Il s'entretient avec Issa, responsable du magasin en question.

> **Pourquoi Yacine est-il inquiet ?**

....

....

> **Pourquoi les salariés semblent-ils démotivés d'après Issa ?**

....

....

Passerelles

- 1re SDGN – Motivations/incitations
  – Performance sociale
  – Performance environnementale

CAPACITÉS ✖ Caractériser la qualité de vie au travail dans le cadre de la responsabilité sociétale de l'organisation (RSE) ✖ Apprécier la qualité de vie au travail dans l'organisation et ses effets sur la motivation des individus

Notions

Responsabilité sociétale de l'entreprise (RSE)
+ performance sociale
+ qualité de vie au travail
+ motivation

1 La motivation des salariés

À la suite de l'entretien avec Yacine, Issa souhaite faire un point complet de la motivation au sein du magasin du quatorzième arrondissement de Marseille. Pour cela, il consulte ses employés.

DOC 1 Entretiens avec des salariés motivés d'Au Bon Coin (extraits)

Mohamed, hôte de caisse : « Je suis encore jeune, j'aime l'idée de développer des compétences qui me seront utiles plus tard. C'est important pour moi ! »
Aïcha, hôtesse de caisse : « À la fin de ma journée, quand je ne vois aucun écart de caisse et que mon manager me félicite, je suis très heureuse. La considération qu'on m'apporte me donne du baume au cœur. »
Noé, équipier polyvalent : « Le style de management participatif me convient bien. J'aime l'idée de pouvoir donner mon avis sur la stratégie du magasin. »
Ève, responsable de caisses : « J'aime profondément mon métier. Grâce à moi, le magasin est bien tenu et tout le monde est heureux quand il fait ses achats. »
Adam, chef de rayon : « En tant que chef de rayon, j'ai le droit à une prime mensuelle si les résultats sont dépassés. Ce n'était pas le cas dans mon ancienne entreprise et c'est pourquoi je reste chez Au Bon Coin. »

DOC 2 Les facteurs internes et externes de la motivation

La motivation est un ensemble d'éléments qui poussent un individu à déployer des efforts sur le long terme pour atteindre un objectif. Ces efforts peuvent être physiques, mentaux et/ou intellectuels. Ils doivent être fournis avec intensité afin de percevoir la véritable motivation du salarié.
Chaque salarié peut avoir des raisons différentes de s'investir dans son métier. On parle alors de caractéristiques individuelles. On distingue :
- la **motivation interne**, ou intrinsèque, liée à l'activité elle-même, à l'intérêt et à la satisfaction que l'on ressent grâce à son métier, sans attendre de récompense externe ;
- la **motivation externe**, ou extrinsèque, renvoie à une motivation provoquée par des éléments extérieurs à l'individu comme une opportunité d'évolution ou la rémunération du travail.

<u>Au sein d'une organisation qui souhaite mobiliser ses collaborateurs, aucun facteur ne doit être négligé afin d'assurer la pérennité de l'entreprise.</u>

1 Expliquez la distinction entre motivation interne et motivation externe.

....

....

....

2 Identifiez les facteurs de motivation de chaque salarié de l'entreprise Au Bon Coin et justifiez votre réponse.

Salariés	Facteur interne ou externe	Justifications
Mohamed	....	....
Aïcha	....	....
Noé	....	....
Ève	....	....
Adam	....	....

3 Expliquez la phrase soulignée dans le doc 2.

....

....

....

....

Pour parfaire ses connaissances sur la notion de motivation, Issa s'entretient avec Zouina, la directrice des ressources humaines du groupe.

DOC 3 Entretien entre Issa et Zouina à propos de la motivation

Issa : Que représente la motivation pour Au Bon Coin ?
Zouina : La motivation est un des éléments phares de la pérennité de notre organisation. Des salariés motivés sont des salariés plus impliqués dans la réalisation de nos objectifs. En proposant au sein de notre siège des avantages à nos salariés, nous contribuons également à la fidélisation de nos salariés.
Issa : Quels sont ces avantages ?
Zouina : Nous proposons des primes sur objectifs à nos collaborateurs et un accès gratuit à la cantine, mais uniquement au sein de notre siège. Les opportunités d'évolution au siège sont également nombreuses, ce qui permet de réduire la routine liée au travail. Cependant, il demeure difficile de mettre en place certaines actions de motivation dans l'ensemble de nos magasins.
Issa : Cela coûte-t-il cher ?
Zouina : Cela représente un coût, mais la motivation est un facteur non négligeable de performance ! L'absentéisme et le turnover sont en baisse au sein du siège de notre entreprise, signe d'une performance sociale forte. Les salariés sont plus heureux et moins malades, et également plus créatifs. En outre, la motivation de nos salariés nous permet d'améliorer notre image de marque.

 # vidéo
Motivation et semaine de quatre jours - 2,25 min
foucherconnect.fr/21rhc48

4 Surlignez dans le doc 3 les enjeux de la motivation pour Au Bon Coin.

5 Expliquez pourquoi la motivation peut être coûteuse pour une organisation.

6 Montrez que la motivation des salariés est nécessaire à la performance sociale d'Au Bon Coin.

DOC 4 Discussion entre deux salariés du magasin d'Issa

Maria : Ça va Léo ? Tu as l'air épuisé.
Léo : Je le suis ! Notre magasin est toujours rempli et on ne recrute personne, je n'arrête pas de toute la journée.
Maria : Je suis d'accord, malgré la bonne ambiance dans l'équipe, les horaires de travail sont très contraignants. Depuis combien d'années travailles-tu ici ?
Léo : Sept ans ! Sept ans et je n'ai toujours pas évolué. Mon salaire est resté le même et les objectifs sont toujours plus difficiles à atteindre. Sept ans qu'on est toujours dans cette salle de pause vétuste !
Maria : Je comprends. Déjà que nos salaires ne sont pas super, mais en plus mes horaires ne me permettent même pas d'aller chercher ma fille à la crèche. Je dois payer une nounou pour ça.

© Foucher

7 Retrouvez les signes précurseurs de la démotivation de Léo et de Maria.

8 Déduisez les conséquences de cette démotivation pour l'entreprise et les salariés.

Conséquences pour l'entreprise	Conséquences pour les salariés

9 Proposez des actions à mettre en place pour remotiver les salariés des magasins Au Bon Coin.

2 La qualité de vie au travail

Conscient de l'importance de la motivation des salariés, Issa souhaite désormais étudier la qualité de vie au travail de ses collaborateurs du magasin afin de savoir s'il peut l'améliorer.

DOC 5 La qualité de vie au travail

Inscrite dans le Code du travail depuis seulement 2015, la qualité de vie au travail (QVT) a pour objectif de garantir le bien-être des salariés dans l'organisation en leur offrant les conditions favorables à leur épanouissement : égalité femmes-hommes, évolution professionnelle, prévention des risques professionnels, etc. Les leviers de la qualité de vie au travail sont nombreux et sont source de performance pour l'organisation. Les salariés et la direction travaillent de concert afin de trouver des solutions pour améliorer l'organisation du travail. Longtemps reléguée au second plan, la qualité de vie au travail est aujourd'hui un élément phare de la pérennité des organisations.

© Foucher

1 Surlignez les enjeux de la qualité de vie au travail.

DOC 6 Les champs de la qualité de vie au travail (QVT)

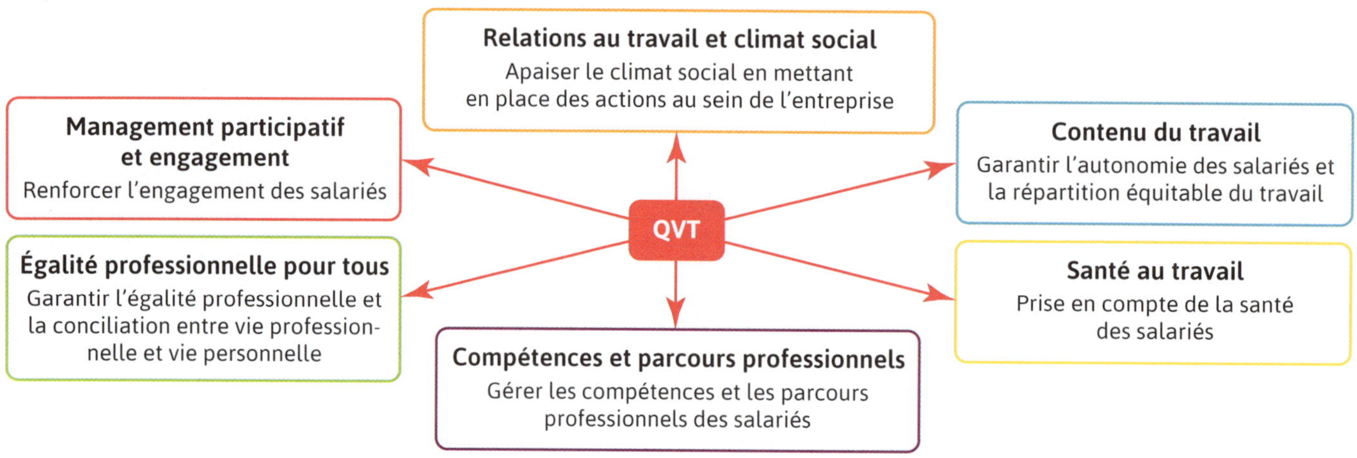

Source : ANACT-ARACT

2 Associez à chaque action envisagée par Issa le champ de la qualité de vie au travail correspondant.

Actions de qualité de vie au travail	Champs concernés
Formation sur les risques psychosociaux	
Prise en compte des salariés en handicap	
Répartition équitable de la charte de travail	
Formation sur les nouveaux outils de l'entreprise	
Temps d'échange hebdomadaire sur la stratégie du groupe	
Réaménagement de la salle de pause	

3 Proposez des indicateurs quantitatifs et qualitatifs permettant de mesurer la qualité de vie au travail.

....

....

4 Déduisez le lien entre la qualité de vie au travail et la performance sociale d'une entreprise.

....

....

3 La responsabilité sociétale de l'entreprise

« En tant que directeur, Yacine est soucieux de l'impact d'Au Bon Coin sur son environnement. Ainsi, il a mis en place une démarche complète de RSE l'année dernière. Il charge Zouina de faire un premier bilan de ce dispositif.

DOC 7 La définition de la responsabilité sociétale des entreprises (RSE)

La responsabilité sociétale (ou sociale) des entreprises est une démarche liée au développement durable qui vise, pour les entreprises, à prendre en compte les effets de leur activité sur la société et l'environnement. L'entreprise prendra en compte, dans le cadre de sa démarche RSE, trois volets :

- un volet environnemental : prendre en compte ses impacts sur l'environnement ;
- un volet social : répondre aux besoins et aux spécificités des parties prenantes (actionnaires, clients, salariés, sous-traitants, citoyens...) ;
- un volet économique : assurer sa pérennité en étant responsable lors de ses achats et de ses ventes.

Source notamment de performance, la RSE s'avère être un élément essentiel de la pérennité et de l'image de marque des entreprises.

© Foucher

1 Identifiez les objectifs de la RSE pour une organisation.

DOC 8 Engagements d'Au Bon Coin (visibles sur le site internet de l'entreprise)

Prix équitables et justes

Recrutement de travailleurs en situation de handicap

Dons aux associations

Sacs en tissu réutilisables

Politique d'achat local et responsable

Camions qui roulent au biométhane

2 Montrez que les engagements d'Au Bon Coin correspondent aux volets de la RSE.

3 Identifiez pourquoi il est important pour Au Bon Coin de communiquer sur la RSE.

DOC 9 Article sur Au Bon Coin dans le journal *Entreprises marseillaises*

RSE et qualité de vie au travail chez Au Bon Coin

Le siège d'Au Bon Coin fait peau neuve. Pour améliorer le bien-être de ses collaborateurs, Au Bon Coin a remplacé le mobilier de son siège basé à Marseille. Sièges ergonomiques, écrans d'ordinateur plus grands, souris ergonomiques, etc. Un investissement important, mais qui permet, selon Zouina Mammeri, DRH du groupe, d'améliorer la santé et la qualité de vie au travail de ses collaborateurs. En effet, pour la DRH, « le bien-être des salariés est un enjeu phare de la stratégie d'Au Bon Coin et rentre parfaitement dans la démarche de responsabilité sociétale des entreprises ». Au Bon Coin a notamment mis en place un service de conciergerie et de cantine gratuite au sein du siège. La RSE est parfaitement intégrée par le service des ressources humaines d'Au Bon Coin, avec des formations pour les collaborateurs, même si, au regret de la DRH « certaines choses restent à mettre en place, notamment dans nos magasins où certaines actions sont difficiles et très coûteuses ». Les salariés, quant à eux, soulignent les démarches prises par l'organisation. Iheb, chef de projet marketing se dit « fier de voir une entreprise promouvoir de vraies actions pour l'inclusion, car Au Bon Coin intervient dans des zones à fort taux de chômage pour recruter ». Des mesures qui, d'après la DRH, vont continuer de croître dans les années à venir.

 # vidéo
La responsabilité sociétale des entreprises - 2,12 min
foucherconnect.fr/21rhc49

4 Surlignez les mesures prises pour améliorer la qualité de vie au travail des salariés.

5 Indiquez pourquoi la qualité de vie au travail est liée à la démarche RSE d'une entreprise.

RHC NEWS

Dans une étude publiée en 2017, 55 % des salariés interrogés affirment que l'engagement social ou environnemental d'une entreprise est un critère plus important que le salaire.

6 Expliquez les effets de la RSE sur la fidélisation des salariés d'Au Bon Coin.

DOC 10 Indicateurs RSE du groupe Au Bon Coin pour l'année 2020

- **Taux de femmes** parmi les cadres **56 %**
- **Mécénat 200 000 €** y compris pour des associations qui luttent contre le décrochage scolaire
- **85 000 clients fidèles** supplémentaires
- **– 15 %** sur la **consommation d'énergie**
- **– 5 %** sur **taux d'absentéisme**
- Taux de travailleurs en **situation de handicap 8 %**
- **+ 9 %** de **chiffre d'affaires**
- **13 000 h** de **formation** en plus
- **– 4 %** d'**accidents du travail**

© Foucher

7 Expliquez comment la RSE peut améliorer la performance d'une organisation.

3 MIN POUR RETENIR

EN AUDIO — EN VIDÉO — À L'ÉCRIT

foucherconnect.fr/21rhc50

1 La motivation des salariés

Motivation interne
- Accomplissement personnel
- Développement des compétences
- Sens donné au travail

Motivation externe
- Salaire
- Reconnaissance des pairs et de la hiérarchie
- Style de management

Conséquences de la motivation
- Fidélisation
- Meilleure image de marque
- Meilleure performance

Conséquences de la démotivation
- Augmentation du taux d'absentéisme
- Augmentation du taux de rotation
- Augmentation des risques psychosociaux

2 La qualité de vie au travail

Domaines
- Relations au travail, climat social
- Contenu du travail
- Santé au travail
- Compétences et parcours professionnels
- Égalité professionnelle pour tous
- Management participatif, engagement

Objectifs
- Garantir le bien-être des salariés
- Améliorer les conditions de travail
- Prévenir les risques professionnels
- Améliorer la performance des organisations

3 La responsabilité sociétale de l'entreprise

Volets
- **Environnemental :** utilisation d'énergies renouvelables, recyclage, réduction de la consommation d'énergie, etc.
- **Social :** formation des salariés, conditions de travail, égalité femmes-hommes, etc.
- **Économique :** prix équitables et justes, achats locaux, etc.

Intérêts
- Valorisation de l'image de l'entreprise
- Fidélisation des salariés et des autres parties prenantes
- Augmentation du bien-être des salariés
- Augmentation des profits
- Réduction des coûts (absentéisme, rotation, etc.)
- Augmentation de la performance de l'entreprise

Entraînez-vous !

3 minutes pour s'évaluer

foucherconnect.fr/21rhc51

MOTS CROISÉS

Complétez la grille.

Verticalement

1. Action de développement des compétences pouvant motiver les salariés.
2. Ensemble d'éléments qui aboutissent au déploiement d'efforts sur le long terme pour atteindre un objectif.
3. Volet de la RSE centré sur la pérennité, l'achat local et les politiques des prix justes et équitables.
4. Élément de la rémunération pouvant favoriser la motivation des salariés.

Horizontalement

a. Prise en compte par les entreprises des effets de leurs activités sur l'environnement et la société.

b. Volet de la RSE centré notamment sur la prise en compte de l'écologie.

c. A pour objectif de garantir le bien-être des salariés en leur proposant des conditions favorables à leur épanouissement.

d. Volet de la RSE centré sur la prise en compte des salariés et des parties prenantes.

Exercice 1 Œuvrer dans une démarche RSE

Accédez au jeu sérieux Nés quelque part. Vous vous rendrez au Nigeria pour aider Bilikiss à lancer son entreprise de collecte de déchets. Cela vous permettra de mieux comprendre certains enjeux de la RSE et les liens possibles avec les différents types de performance d'une organisation. Vous pourrez ensuite, si vous le souhaitez, jouer avec d'autres personnages du jeu.

jeu
Nés quelque part
foucherconnect.fr/21rhc52

Questions

1. Expliquez, en vous appuyant sur le cas de l'entreprise de Bilikiss ou d'autres cas du jeu, l'importance de la prise en compte de la RSE dans la stratégie des organisations.
2. Proposez des exemples concrets d'actions que pourrait mettre en place une entreprise dans une démarche RSE.

Exercice 2 Examiner la qualité de vie au travail

L'entreprise d'informatique lyonnaise Anikop permet à ses salariés de prendre autant de vacances qu'ils le souhaitent, depuis le 1er janvier 2021. Seule contrainte : ne pas gêner un autre collaborateur ou le développement d'un projet. […]

Une charte morale

Le principe est simple : chaque salarié est libre de prendre ses vacances quand il le souhaite, aussi longtemps qu'il le souhaite. Les rapports avec la direction de l'entreprise reposent sur la confiance et la prise de responsabilité de chacun. Cette nouvelle disposition est simplement encadrée par une charte morale rédigée par les 31 salariés eux-mêmes : les congés, « validés automatiquement », ne doivent « pas mettre en péril l'entreprise ou l'un de ses projets » ni « gêner les autres collaborateurs ». Le directeur, Nicolas Perroud, est confiant : « Je suis persuadé que, dans un an, on n'aura relevé aucun abus. […] »

Pas d'abus en vue

Si cette perspective peut faire saliver le grand public, dans les faits, il paraît en fait peu probable que les salariés en abusent. Ils disposaient de cinq semaines de vacances et de diverses RTT jusqu'ici, et les habitudes ne devraient pas changer radicalement : « Moi, je n'ai pas spécialement prévu de prendre plus de congés qu'avant », confirme Sébastien Polard, *Business developer* pour Anikop. « J'ai plusieurs projets en cours de développement, je veux les mener à terme. Chacun est libre, mais on est aussi responsables et concernés par les projets de l'entreprise. » Finalement, cette plus grande responsabilité donnée à chacun pourrait même poser un nouveau défi : celui du regard des uns sur les autres. Les salariés oseront-ils prendre plus de congés si les autres ne le font pas ? Sur ce sujet, Sébastien se veut confiant : « Chacun sait ce qu'il a à faire, chacun a ses engagements, ses *deadlines*. On verra à la fin de l'année, mais pour moi il n'y a pas de raisons que ça se passe mal. »

Des salariés responsables

Les salariés, entièrement associés aux décisions de l'entreprise, ont adopté cette nouvelle disposition, appelée « congés libérés », en référendum. Anikop se définit comme une entreprise « libérée », reposant sur la confiance et la bienveillance : « Il y a quatre ans, aidés par un coach, nous avons fait sauter toutes les règles », explique M. Perroud. Mais pas question de mettre l'entreprise en difficulté. Elle garde comme but d'être viable et rentable. « Tous les chiffres sont partagés, comme ça, il n'y a pas de secret, et on travaille ensemble vers l'objectif fixé. Ça ne veut pas dire qu'on fait un vote sur chaque décision, [mais] chacun est responsable et autonome. » À ce jour, seules deux autres entreprises en France auraient adopté des dispositions similaires concernant les congés, mais avec une conditionnalité liée à la réalisation d'objectifs.

Moins de « lourdeurs administratives »

Cette souplesse permet de libérer Anikop de « certaines lourdeurs administratives » difficiles à supporter pour une société de cette taille : elle n'emploie que 31 salariés. Le pari est d'arriver à gérer « les 3 % de salariés qui abusent du système » et obligent les entreprises à élaborer les réglementations à chaque fois plus complexes pour limiter les abus. « On a eu aussi ces 3 %, souvent des gens qui ont eu par le passé des expériences difficiles avec leur hiérarchie. Mais, petit à petit, les 97 % restants font comprendre l'intérêt du système. » Anikop est une filiale de Groupe LDLC, un des leaders français de la distribution de matériel informatique, qui vient d'adopter, de son côté, la semaine de 32 heures sans perte de salaire (Anikop n'est pas concernée par cette mesure). La petite filiale a pour sa part déjà été récompensée à deux reprises par des labels valorisant la qualité de vie au travail.

Mathieu Boudet, 15 janvier 2021, www.france3-regions.francetvinfo.fr

Questions

1. Identifiez les mesures prises par Anikop pour la qualité de vie au travail de ses salariés.
2. Répertoriez les éléments de motivation internes et externes mis en place par le groupe.
3. Expliquez l'impact possible des labels reçus par Anikop sur sa marque employeur.

Le déclic

Analysez bien les consignes pour répondre aux questions.

> Pour vous aider à répondre aux questions, lisez bien les intertitres du document. Ce sont des éléments qui peuvent vous donner des indications importantes sur le texte. Prenez le temps de les lire avant chaque nouveau paragraphe.

Entraînez-vous !

Exercice 3 Analyser la motivation en entreprise

ThinkerView est une entreprise spécialisée dans l'intelligence artificielle au service des organisations. Depuis la crise de la Covid-19 et le passage en télétravail de 90 % des salariés, Simone Weil, *happiness manager* de l'entreprise a du mal à remotiver ses troupes.

« Du jour au lendemain, tout ce qu'on essayait de mettre en place pour motiver les collaborateurs a été arrêté : yoga, cantine gratuite, conciergerie, etc. Tout est au point mort pour ceux étant en télétravail. » Un avis partagé par Lyasmine, chargé de ressources humaines et arrivée chez ThinkerView l'année dernière : « C'est difficile de ne voir les collègues que par écrans interposés. La relation avec nos managers a également changé, on ne se parle que pour le travail et lors des réunions. » Denis, informaticien, est du même avis et décrit « un bien-être au travail plus difficile à établir chez soi, notamment avec l'absence de salle de sport comme on pouvait l'avoir dans l'entreprise ».

Comme ThinkerView, de nombreuses entreprises n'ont pas pris en compte le télétravail dans la motivation des salariés. « Certains associent le télétravail à un gain de transport et à la possibilité de rester chez soi, mais il y a également derrière ça de nombreux avantages perdus », indique Simone Weil, qui constate une augmentation du taux d'absentéisme sur les dernières semaines. Pour cela, l'entreprise a essayé de réagir malgré le contexte sanitaire et économique difficile. Simone Weil a notamment essayé de mettre en place un service de conciergerie avec des livraisons de produits directement à domicile ou des « réunions informelles hebdomadaires » en visioconférence afin de galvaniser les troupes. Simone Weil espère que ces mesures auront un impact pour ses salariés afin « qu'ils soient aussi épanouis chez eux que chez nous ».

© Foucher

Questions

1. Identifiez les manifestations de la démotivation chez ThinkerView.
2. Déduisez les conséquences de cette situation pour l'organisation et les salariés.
3. Décrivez les solutions mises en place par l'organisation pour remotiver ses salariés.
4. Proposez, en vous appuyant sur vos recherches, d'autres actions à mettre en place afin de restaurer la motivation chez Thinkerview.

Exercice 4 Argumenter sur des situations d'entreprise

DOC Exemples de sujets de débats

① Notre façon d'acheter et de consommer peut changer les choses.
② Il vaut mieux privilégier une entreprise qui accorde de l'importance à la RSE, même si ses produits sont plus chers.
③ En tant que DRH, la qualité de vie au travail est inutile pour les salariés en télétravail.
④ Il faut privilégier le salaire, peu importe la qualité de vie au travail proposée par l'entreprise.
⑤ Il est possible de quitter une entreprise pour une autre où l'on est moins bien payé, mais avec des bons facteurs de motivation.

Questions

1. Choisissez avec le reste de la classe un sujet de débat sur le thème de la RSE et de la qualité de vie.
2. Positionnez-vous sur le sujet choisi (d'accord/pas d'accord).
3. Argumentez, à l'aide d'exemples, sur le pourquoi de votre positionnement. En fonction du sujet choisi et à la suite de l'argumentation de vos camarades, vous pourrez, si vous le souhaitez, changer de positionnement. Oral

6 Les conditions de travail

DÉCOUVRIR EN VIDÉO
Cash investigation : les conditions de travail - 3,27 min
foucherconnect.fr/21rhc13

Démarque&Vous souhaite améliorer les conditions de travail de ses salariés

Démarque&Vous est une entreprise spécialisée dans la vente de vêtements à prix réduit. Son implantation récente dans toute la France en fait une référence nationale dans le domaine. Face à la croissance de l'organisation, de nombreux salariés estiment que les conditions de travail se sont dégradées. Alya, directrice des ressources humaines, s'entretient avec la présidente du groupe par visioconférence.

> **Comment sont les conditions de travail chez Démarque&Vous ?**

....

> **Quel est le problème d'Alya à la fin de l'échange avec Leïla ?**

....

Passerelles
- 1re SDGN – Conditions de travail
  – Travail à distance
  – Performance sociale

CAPACITÉS ✖ Apprécier la qualité de vie au travail dans l'organisation et ses effets sur la motivation des individus ✖ Rechercher des mesures simples, de nature ergonomique, pour améliorer un poste de travail

Notions
Les conditions de travail : environnement de travail, éléments d'ergonomie, durée du travail

1 L'environnement de travail

À la suite de sa réunion avec la présidente du groupe, Alya prépare son audit au sein de l'organisation. Pour commencer, elle visite les différents services du siège de l'entreprise.

DOC 1 Situations observées par Alya chez Démarque&Vous

① Les salariés du service marketing peuvent travailler jusqu'à dix heures par jour sur écran.

....

② Au sein du service RH, il y a un management participatif. Les salariés prennent part aux décisions.

....

③ Malgré la crise sanitaire de la Covid-19, l'entreprise interdit à ses salariés de télétravailler.

....

④ En s'asseyant sur sa chaise, Alya se touche le dos en soupirant.

....

⑤ Un salarié affirme que son travail est de plus en plus stressant et qu'il n'arrivera pas à atteindre les objectifs fixés.

....

DOC 2 Les facteurs d'influence des conditions de travail

- Les **facteurs sociaux** résultent des relations de travail et des rapports entre le salarié, ses collègues et la hiérarchie. Exemples : style de direction, communication interne, etc.
- Les **facteurs organisationnels** découlent des règles de l'entreprise, de l'aménagement de travail offert aux salariés. Exemples : répartition des tâches, travail à la chaîne, durée du travail, etc.
- Les **facteurs psychologiques** sont liés aux situations de travail pouvant être sources de risques professionnels pour le salarié. Exemples : souffrance au travail, stress lié aux missions, etc.
- Les **facteurs physiques** ont un impact sur la santé physique du salarié. Exemples : mal de dos, mauvaise posture, etc.
- Les **facteurs environnementaux** dépendent du poste de travail, de l'environnement de celui-ci et des moyens mis à disposition du salarié pour exécuter ses missions. Exemples : travail sur écran, travail de nuit, niveau sonore, etc.

1 Indiquez pour chaque situation du doc 1 le facteur d'influence correspondant.

2 Justifiez votre choix.

....

....

....

....

3 Expliquez pourquoi Démarque&Vous ne peut négliger aucun de ces facteurs.

....

....

« Pour parfaire son audit et continuer à observer le travail des salariés, Alya se rend dans l'usine de l'entreprise Démarque&Vous.

DOC 3 Situation de travail dans l'usine Démarque&Vous

4 Retrouvez les facteurs d'influence exposés dans cette situation.

....

....

....

....

....

....

vidéo
Menuiserie Peuron – Conditions de travail - 2,37 min
foucherconnect.fr/21rhc14

5 Déduisez de cette situation ce qu'est la notion de conditions de travail.

....

....

....

DOC 4 Témoignages de salariés de l'usine Démarque&Vous

Léon, artisan : Depuis qu'on est arrivé dans cette usine, certains aménagements n'ont jamais été faits. On a travaillé tout l'hiver dans le froid, c'est insupportable ! J'ai envie de partir…

Jazariya, agente de contrôle : Notre responsable nous a fait la surprise de rénover notre salle de pause. Canapé, machine à café, télévision, baby-foot. On a enfin une salle de repos digne de ce nom !

Joy, cheffe de produits : Les charges de nos salariés sont vraiment lourdes, j'ai actuellement deux salariés en arrêt de travail à la suite d'un accident au sein de l'usine.

Sébastien, opérateur textile : Le travail est vraiment pénible et difficile. Heureusement que l'ambiance de travail est bonne entre les salariés et la responsable, ça me pousse à me dépasser pour eux !

Josilda, responsable usine : Depuis que nous avons la nouvelle salle de pause, la productivité de notre usine est en hausse. Les salariés sont moins absents, plus motivés et plus heureux. Je m'en réjouis.

6 Décrivez l'environnement de travail au sein de l'usine Démarque&Vous.

....

....

....

7 Identifiez les conséquences possibles d'un bon et d'un mauvais environnement de travail.

	Conséquences d'un bon environnement de travail	Conséquences d'un mauvais environnement de travail
Pour l'entreprise		
Pour les salariés		

2 L'ergonomie

« De retour au siège, Alya prend rendez-vous avec un ergonome afin d'améliorer les conditions de travail des salariés.

DOC 5 Entretien avec Éric, ergonome pour l'entreprise Santé Plus

En quoi consiste votre métier ?
Par mon travail d'ergonome, j'essaye d'adapter l'environnement de travail aux salariés pour réduire les effets nocifs des conditions de travail sur l'organisme. Concrètement, notre objectif est d'adapter la situation de travail au salarié pour préserver sa santé physique et mentale.

Comment allez-vous procéder au sein de notre organisation ?
L'observation des habitudes de travail, des bureaux, du matériel utilisé, etc. me permettra de proposer des solutions concrètes pour améliorer l'environnement de travail des salariés. Les entretiens et les enquêtes me permettront également de connaître les difficultés pratiques des salariés afin de vous proposer des actions amélioratrices, comme un changement de matériels ou une réorganisation des locaux.

Quels seront les bénéfices de l'ergonomie pour notre entreprise ?
Ils sont nombreux. Des études montrent que l'ergonomie permet notamment de réduire les troubles musculosquelettiques et les maladies professionnelles. Certains outils permettent également d'augmenter l'efficacité du salarié et la performance de l'entreprise. De nombreux accidents du travail sont également évités grâce à la mise en place d'outils ergonomiques adaptés aux salariés.

1 Résumez l'objectif de l'ergonomie.

....

....

2 Complétez le schéma du processus d'intervention d'un ergonome au sein d'une organisation.

1	→	2	→	3
....		....		....

DOC 6 Enquête réalisée par l'ergonome

L'enquête a été réalisée auprès des cinquante salariés du siège de Démarque&Vous.

①	Nombre moyen d'heures passées devant un écran d'ordinateur par jour et par salarié	7 h 30
②	Nombre de troubles musculosquelettiques déclarés au cours de l'année	26
③	Nombre d'accidents de travail dû aux troubles musculosquelettiques au cours de l'année	31
④	Salariés se plaignant d'avoir des troubles auditifs lors du travail au cours de l'année	83 %
⑤	Salariés se plaignant d'avoir des troubles oculaires lors du travail au cours de l'année	75 %
⑥	Salariés se plaignant de leur matériel de bureau (chaise, clavier, souris, écran…)	93 %

© Foucher

3 Trouvez, pour chaque item du doc 6, quelle(s) solution(s) l'ergonome pourrait apporter à l'entreprise.

Problèmes	Solution(s)
①	....
② et ③	....
④	....
⑤	....
⑥	....

DOC 7 Matériels ergonomiques

De : eric.santeplus@gmail.com
A : alya@demarquevous.com
Objet : Proposition de matériel

Bonjour Alya,
Vous trouverez ci-après une sélection de matériel ergonomique pouvant être acheté pour vos salariés. L'ergonomie n'est pas encore adaptée à tous les métiers, surtout dans votre usine, mais la technologie évolue rapidement en ce sens.

Chaise ergonomique adaptée à une utilisation quotidienne de 8 heures. Support lombaire réglable et mécanisme synchrone de balancement. 	Clavier ergonomique avec repose-poignets et touches en dôme pour un positionnement naturel des mains. 	Repose-pieds réglable permettant de soulager les pressions du dos en surélevant les pieds et d'améliorer la circulation du sang. 
Prix unitaire : 709,90 €	Prix unitaire : 64,90 €	Prix unitaire : 79,90 €

Je reste à votre disposition pour tout complément d'information.
Éric, ergonome pour Santé Plus

 # vidéo
Exosquelettes au travail - 1,40 min
foucherconnect.fr/21rhc15

RHC NEWS
15 %, c'est la part de salariés qui souffrent de troubles musculo-squelettiques en France.

DOC 8 Affiche de formation réalisée pour les salariés de Démarque&Vous

① Nettoyez l'écran de votre ordinateur régulièrement.
② Réglez le dossier de votre chaise afin de pouvoir caler le bas de votre dos.
③ Réglez la hauteur de votre siège pour que l'angle bras/avant-bras soit au moins égal à 90° tout en ayant les épaules détendues.
④ Posez vos pieds sur un repose-pieds ou à plat sur le sol. Il doit y avoir de l'espace pour vos jambes.
⑤ Asseyez-vous en face de votre écran, la main est dans le prolongement de l'avant-bras, le clavier dans l'axe et la souris à proximité immédiate du clavier.
⑥ Le bord supérieur de votre écran doit se trouver à la hauteur de vos yeux.
⑦ Privilégiez la lumière naturelle à la lumière artificielle.

4 Identifiez les actions envisagées par Démarque&Vous pour améliorer les conditions de travail.

....

....

5 Indiquez les limites de l'ergonomie.

....

....

6 Expliquez l'intérêt pour Démarque&Vous de mettre en place ces pratiques.

....

....

3 La durée du travail

« La responsable de l'usine laisse un message vocal à Alya pour lui parler du temps de travail de ses équipes. Avant de lui répondre, Alya interroge le juriste de Démarque&Vous sur la durée du travail.

DOC 9 Durée du travail dans l'usine Démarque&Vous

Message vocal sur le téléphone d'Alya

« Bonjour, c'est Josilda ! De nombreux salariés se plaignent de la durée du travail qu'ils ont actuellement au sein de l'usine. Certains travaillent 13 à 14 heures par jour. Ils sont bien sûr payés en heures supplémentaires, et tout le monde sait qu'on est en activité accrue à cause de notre développement. En comptabilisant le nombre d'heures de certains salariés, on arrive à 50 heures par semaine pour des salariés non-cadres. Aussi, j'ai un mal fou à faire mes plannings et à contrôler le temps de travail de mes salariés. Ne pouvons-nous pas acheter un logiciel pour ça ? Tu peux me rappeler ? Merci. »

DOC 10 Durée légale du travail en France

Alya : Peux-tu m'en dire plus sur la durée légale du travail en France ?

Hocine : La durée légale du travail pour un temps complet est fixée à 35 heures par semaine, soit 1 607 heures par an. Pour un cadre dirigeant, aucune durée du travail, que ce soit minimale ou maximale, n'est fixée, mais ça ne concerne pas les salariés de l'usine qui sont bien soumis à la règle des 35 heures. La durée du travail effectif hebdomadaire ne doit pas dépasser les 48 heures sur une même semaine. La journée de travail est limitée, elle, à 10 heures sauf dérogations.

Alya : Est-ce que cela a changé avec la crise de la Covid-19 ?

Hocine : Oui, en effet. Pour les entreprises relevant de secteurs d'activité nécessaires à la sécurité de la Nation et à la continuité de la vie économique et sociale, la durée maximale peut aller jusqu'à 12 heures par jour et 60 heures par semaine. Ce n'est pas le cas chez Démarque&Vous et cette mesure est normalement temporaire.

 # vidéo
Les Français travaillent-ils moins que les autres ? - 3,41 min
foucherconnect.fr/21rhc16

1 Identifiez si Démarque&Vous respecte la législation en matière de durée du travail.

....

....

DOC 11 Les logiciels de gestion du temps des salariés

La gestion du temps est devenue un enjeu stratégique majeur en matière de ressources humaines. Avec le télétravail, de nombreuses entreprises se sont munies de logiciels de gestion du temps pour faciliter les opérations courantes du service RH : calcul des heures supplémentaires, adaptation aux obligations légales, gestion des congés, etc. Les logiciels permettent à l'organisation d'améliorer son efficacité, sa productivité et sa performance. Bien utilisés, ils réduisent certains risques comme le surmenage et le burn out. Pour les managers, les fonctions de collaboration permettent de faire participer les salariés à la gestion des plannings d'équipe et à la demande de congés. Les informations personnelles (soldes d'heures, congés, RTT…) peuvent être accessibles de chez soi à travers une plateforme sécurisée. Souvent objet de discorde, la gestion du temps et la durée du travail s'avèrent être aujourd'hui un outil d'équilibre social au sein des entreprises.

© Foucher

2 Expliquez les enjeux pour Démarque&Vous de se munir d'un logiciel de gestion du temps.

....

....

3 Identifiez les avantages pour les salariés d'être suivis par un logiciel de ce type.

....

....

....

3 MIN POUR RETENIR

EN AUDIO · EN VIDÉO · À L'ÉCRIT

foucherconnect.fr/21rhc17

1 L'environnement de travail

Facteurs d'influence des conditions de travail
- Environnementaux
- Physiques
- Psychologiques
- Organisationnels
- Sociaux

Conséquences positives
- Motivation
- Bien-être
- Fidélisation
- Performance

Conséquences négatives
- Absentéisme
- Démissions
- Impact sur l'image de marque
- Accidents de travail
- Maladies professionnelles

2 L'ergonomie

Objectif
- Adapter l'environnement de travail aux salariés

Moyens
- Le matériel (clavier, souris, etc.)
- Le poste de travail adapté
- La formation

Enjeux
- La réduction :
  - des accidents de travail
  - des maladies professionnelles
  - des troubles musculo-squelettiques
- L'augmentation du bien-être

Limites
- Le coût
- N'est pas adaptée à tous les métiers

3 La durée du travail

Enjeux de la gestion du temps

Pour l'entreprise
- Respect des règles légales
- Meilleure gestion des salariés
- Augmentation de la performance

Pour le salarié
- Gestion de son planning
- Gestion de ses congés et RTT
- Meilleur équilibre vie privée/ vie professionnelle
- Augmentation du bien-être

Entraînez-vous !

3 minutes pour s'évaluer

foucherconnect.fr/21rhc18

LE BON MOT

Complétez le texte avec les termes suivants : organisationnels, durée du travail, motivation, maladies professionnelles, ergonome, conditions de travail, matériel ergonomique, sociaux, stress, 35 heures, risques psychosociaux.

Les .... recouvrent le cadre dans lequel le salarié effectue son travail. Ce cadre peut être influencé par différents éléments comme les facteurs .... et .... Des conditions de travail défavorables peuvent avoir des répercussions sur le .... et la .... des salariés et entraîner, dans certains cas, des accidents de travail. Pour remédier à ces phénomènes, une entreprise peut faire appel à un .... Il a pour mission d'adapter l'environnement de travail au salarié afin de réduire certains risques professionnels qui peuvent entraîner des .... et des ....
Pour cela, l'entreprise peut modifier l'environnement de travail du salarié en achetant du .... comme des sièges ou des repose-pieds. La ...., fixée à .... par semaine en France, peut également avoir des répercussions sur la performance de l'organisation.

Exercice 1 Analyser des conditions de travail

Des salariés de la chaîne FaisTonSandwich ont lancé un mouvement de grève la semaine dernière dans leur restaurant marseillais. Les employés dénoncent des conditions de travail déplorables.

Toilettes insalubres, harcèlement moral, surmenage, stress, souffrance au travail : les salariés marseillais de l'entreprise manifestent depuis dix jours pour dénoncer leur environnement de travail. « Nous travaillons dans des conditions difficiles et nous déplorons des salaires trop bas », explique Zinédine, délégué du personnel. « Nos objectifs sont de plus en plus élevés, j'ai la boule au ventre en me levant le matin », déplore une salariée du groupe qui a préféré rester anonyme.
Parmi les manifestants, des clients habitués racontent : « Tant que la direction n'aura pas amélioré les conditions de travail des salariés, nous ne viendrons plus manger ici. » Les salariés grévistes ont également dénoncé à travers un tract certains faits de harcèlement perpétrés par un supérieur hiérarchique à l'encontre des salariés. Coretta, salariée de la chaîne, témoigne : « Nos salaires sont inférieurs à ceux des autres chaînes de fast-food, en ajoutant à ça le froid et l'insalubrité, nous sommes beaucoup au bord du burn out. »
Depuis le début du mouvement de grève, les représentants des salariés ont été reçus une fois par la direction. Le directeur de la chaîne reconnaît « des conditions de travail difficiles » et promet des « propositions concrètes comme des travaux et des augmentations de salaire ». La direction a également annoncé la mise à pied à titre conservatoire du responsable accusé de harcèlement et souhaite recruter des collaborateurs afin de « réduire le surmenage des salariés de la chaîne ».

© Foucher

Questions

1. Décrivez les conditions de travail de la chaîne FaisTonSandwich.
2. Identifiez les conséquences de ces conditions de travail sur le personnel et sur l'organisation.
3. Relevez les mesures prises par la direction afin de pallier les problèmes liés aux conditions de travail.

Exercice 2 Examiner la durée du travail des salariés

De nombreux managers s'inquiètent de voir la productivité de leurs équipes baisser en travaillant depuis leur domicile. En principe, une charte doit détailler l'organisation du travail à la maison et les éventuels outils de contrôle mis en place.

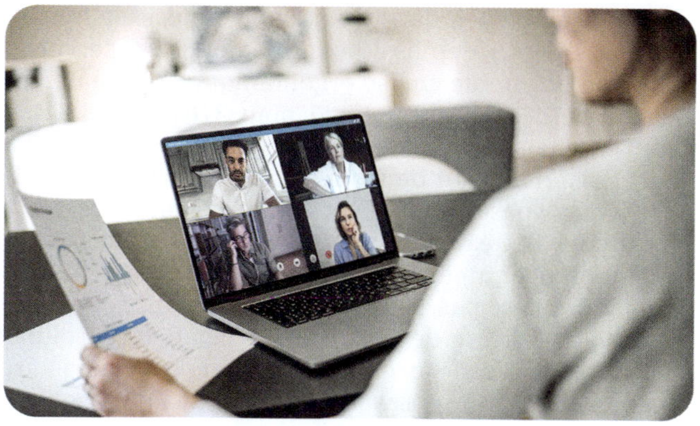

Même si les dernières études montrent que les salariés en télétravail bossent plus que de coutume, de l'ordre de 48 minutes par jour, certains patrons s'inquiètent tout de même que leurs collaborateurs profitent de leur éloignement pour lever le pied.
Aux États-Unis, où la culture d'entreprise est différente qu'en France, les ventes de logiciels de surveillance de télétravail ont explosé ces derniers mois.
Dans l'Hexagone, l'employeur a lui aussi le droit de contrôler l'activité de ses salariés en télétravail. L'idéal étant de mettre en place une charte qui détaille l'organisation du travail à la maison. Pour rythmer la journée des collaborateurs, de nombreuses entreprises ont fait le choix d'organiser une réunion tous les matins, à 9 heures, pour vérifier que toutes les équipes sont prêtes à se mettre à leurs tâches. C'est aussi un moyen de garder le contact avec tout le monde, alors que l'on reproche au télétravail de distendre les liens.

La Cnil veille
D'autres ont fait le choix de mettre en place un système d'autodéclaration, autrement dit une sorte de pointage, ou encore un key logger, un enregistreur de frappe sur le clavier qui permet de savoir à distance toutes les actions accomplies sur un ordinateur. Pour ce dernier outil, il est toutefois nécessaire de prévenir le salarié, et il ne doit être utilisé que si celui-ci manipule des données sensibles, prévient la Cnil.
Dans tous les cas, le Comité social et économique doit être averti des dispositifs mis en place autour du télétravail, et veiller notamment au respect de la vie privée et des données personnelles du salarié. La Cnil est très mobilisée sur le sujet.

Erwan Morice, 19 octobre 2020, www.bfmtv.com

Questions

1. Identifiez les droits des employeurs en matière de contrôle des salariés.
2. Retrouvez les actions mises en place par les entreprises pour contrôler les salariés durant le télétravail.
3. Argumentez sur les risques possibles de ce contrôle pour les salariés.
4. Expliquez comment le droit du travail permet de protéger les salariés d'éventuels abus.

Exercice 3 Préparer l'ergonomie au sein d'une entreprise

Nouvellement recruté au sein du chocolatier KKO, le directeur des ressources humaines souhaite connaître les avantages d'avoir recours à des éléments ergonomiques au sein de son entreprise. En effet, le matériel du siège date maintenant d'une dizaine d'années et est vieillissant.

Question

Votre responsable vous demande de réaliser une présentation sur le support de votre choix (PowerPoint, Genial.ly...) qui expose :
- les avantages de l'ergonomie pour le salarié ;
- les avantages de l'ergonomie pour l'entreprise ;
- des exemples de matériels ergonomiques ;
- un exemple de formation pour s'initier à l'ergonomie.

Vous présenterez votre travail en classe face à vos camarades et votre professeur. Oral

Entraînez-vous !

Exercice 4 Observer les risques et les bénéfices liés au télétravail

Océane, employée dans l'e-commerce, passée au télétravail intégral depuis le confinement, a opté cet été pour un ensemble chaise ergonomique et bureau d'occasion de la startup Bluedigo, pour 216 euros : « J'étais sur une chaise de cuisine avec une mauvaise table, alors j'ai choisi d'investir dans un pack. » Car, reconnaît-elle, « je n'avais pas du tout d'équipement adapté ».

À l'image d'Océane, les télétravailleurs sont nombreux à vouloir s'équiper en mobilier de bureau, et cette demande n'est pas passée inaperçue auprès des vendeurs : des offres de « packs télétravail », regroupant un bureau, un siège et parfois quelques accessoires (tapis de souris, repose-pieds, lampe...) fleurissent sur la Toile.

D'une centaine d'euros à plus de 1 000 euros, on en trouve dans toutes les gammes de prix, et adaptés à tous les espaces, parfois personnalisés. [...]. « C'est une idée lancée pendant le confinement. Nous avons simplement appliqué ce que nous avons vécu chez nous, c'est-à-dire le déplacement de nos bureaux à la maison », explique la directrice générale de la société d'aménagement Ouest-Bureau, Marie-Ève Hamon. [...]

Tandis que le télétravail s'installe durablement, l'idée est d'éviter les risques pour la santé des salariés, dont l'employeur est tenu responsable.

Éviter les douleurs

Selon une étude de l'Agence nationale pour l'amélioration des conditions de travail, 50 % des 8 600 répondants ont déclaré être plus fatigués pendant le confinement qu'à l'ordinaire. Émilie Ehrhardt, responsable de l'environnement de travail du cabinet de conseil en informatique Cellenza, s'est occupée de l'approvisionnement de ses collègues en mobilier, et a elle-même profité d'un pack télétravail : « J'ai été équipée pour travailler de manière plus cohérente : il y a un moment où la chaise du salon et le bureau improvisé c'est sympa, mais ça fait quand même mal au dos ! »

Éviter les douleurs passe par une bonne installation et l'utilisation de matériel ergonomique : « Il est nécessaire que le matériel mis à disposition puisse être réglable et adaptable aux salariés et aux tâches spécifiques qu'ils effectuent. Plus un fauteuil est modulable, plus il s'adaptera à la morphologie et aux besoins de chacun. Il existe aussi des plans de travail à hauteur variable, ce qui permet d'alterner les postures », explique Laurent Kerangueven, ergonome à l'Institut national de recherche et de sécurité (INRS).

Le professionnel de la santé se réjouit du succès de ces kits d'un nouveau genre : « Ce sont loin d'être des gadgets. L'apparition de ce type de pack est à mettre en lien avec l'explosion du télétravail, et avec la multiplication de maux liés notamment à un aménagement inadapté de son poste de travail. » Il met en particulier en garde contre la survenue de troubles musculosquelettiques (TMS), et l'apparition de douleurs dans le cou, les épaules ou le dos.

Émilie Ehrhardt a senti la différence après avoir mis la main sur un petit bureau, un siège, une lampe et un bras pour porter plusieurs écrans : « Le pack a nettement amélioré mes conditions de travail et ça m'a un peu réconciliée avec l'idée même du télétravail, qui me semblait lunaire ! J'ai le même confort qu'au bureau. » Depuis la fin du confinement, elle a même poursuivi l'expérience du télétravail à raison de deux jours par semaine. « Les packs répondent à un télétravail souvent réalisé en mode dégradé, il y a une volonté des entreprises de le structurer pour le rendre plus efficace », analyse Laurent Kerangueven, qui lie un meilleur équipement à une meilleure productivité.

Les acheteurs de packs sont souvent des entreprises. Toutes sont tenues de préserver la santé de leur personnel : selon l'Urssaf, l'employeur est chargé de fournir, d'installer et d'entretenir les équipements nécessaires au télétravail régulier, sauf si le salarié utilise son propre matériel.

Implication des sociétés

[...] L'équipement est devenu indispensable pour « prendre soin des équipes », souligne Jean-Christophe Vinel, directeur RSE de Tipco. [...] Les packs télétravail, avec leurs prix groupés, permettent en tout cas aux entreprises d'économiser de 10 % à 20 % sur leurs dépenses en mobilier par rapport à des achats séparés. [...].

Jules Thomas, 2 octobre 2020, www.lemonde.fr

Questions

1. Identifiez les risques liés à la généralisation du télétravail pour les salariés.
2. Décrivez les avantages pour le salarié d'avoir recours aux kits télétravail.
3. Expliquez les bénéfices que peuvent tirer les organisations de ces kits télétravail.

Le déclic

Analysez bien les consignes pour répondre au travail demandé.

> Identifier consiste à repérer des informations précises dans un texte. Pour vous aider, n'hésitez pas à souligner les éléments dans le document qui semblent correspondre à la question.

7 La santé et la sécurité des salariés

DÉCOUVRIR EN VIDÉO
La souffrance au travail
- 1,37 min
foucherconnect.fr/21rhc33

Kop Run SARL cherche à améliorer la santé et la sécurité de ses salariés

Il y a un an, Aya, ancienne championne de rallye, a créé le garage Kop Run SARL avec son ami Mickaël. L'effectif est à présent de vingt-cinq salariés et les résultats financiers et économiques au terme de cette première année de fonctionnement sont satisfaisants. Toutefois, les deux dirigeants s'interrogent, car de nombreux salariés ont démissionné et l'entreprise peine à recruter.

> **Quelles sont les difficultés évoquées par Mickaël ?**

....

....

....

> **Que laisse penser la remarque d'Aya au sujet des salariés qui ne tiennent pas la pression ?**

....

....

CAPACITÉS ✖ Identifier les situations de travail à risques et analyser les indicateurs les mesurant ✖ Proposer des actions de prévention et de remédiation répondant aux obligations de l'employeur au travail ✖ Décrire les mécanismes de base de la Sécurité sociale et montrer que les régimes complémentaires de santé sont un levier d'attractivité

Notions

Santé et sécurité : cadre juridique, accidents du travail, maladies professionnelles + souffrance au travail et risques psychosociaux, troubles musculosquelettiques + indicateurs sociaux + harcèlement + protection sociale, complémentaire santé

Passerelles

- 1re SDGN – Activité de travail
  - Conditions de travail
  - Performance sociale

1 L'identification des situations de travail à risques

« Magalie, la cheffe d'atelier, revient d'une formation « Gestes et sécurité au travail ». Elle interroge Mickaël, car elle s'inquiète des nombreux accidents du travail et des absences dans son équipe.

DOC 1 Droits et obligations en matière de sécurité et de santé au travail

Magalie : J'ai appris pour l'accident de Coline, tout le monde en parle à l'atelier.

Mickaël : Tu peux rassurer tout le monde, que l'on soit une grande entreprise ou une PME, l'employeur est tenu par la loi de prendre les mesures nécessaires pour assurer la sécurité de ses salariés et pour protéger leur santé physique et mentale. Nous allons renforcer les actions et faire ce qu'il faut. Nous avons déjà commencé en prenant en charge la formation « Gestes et sécurité au travail » à laquelle tu as participé.

Magalie : J'ai beaucoup appris pendant cette formation.

Mickaël : J'en suis ravi ! De plus, notre secteur d'activité, surtout le travail à l'atelier, est particulièrement sensible aux risques. Nous prenons cela très au sérieux, la santé de tous est une priorité.

Magalie : Bien sûr et puis, en cas de mise en danger, la responsabilité de l'employeur peut être engagée sur le plan civil et pénal. Toutefois, certains salariés discutaient de la possibilité d'exercer leur droit de retrait dans le cas où ils estimeraient que leur situation de travail présente un danger grave et imminent pour leur vie ou leur santé.

Mickaël : La situation ne justifie pas l'exercice du droit de retrait, mais nous allons nous saisir de la situation pour rassurer.

1 Expliquez les conséquences pour l'employeur en cas de non-respect de l'obligation de sécurité.

....

....

DOC 2 Les risques professionnels liés à l'activité de travail

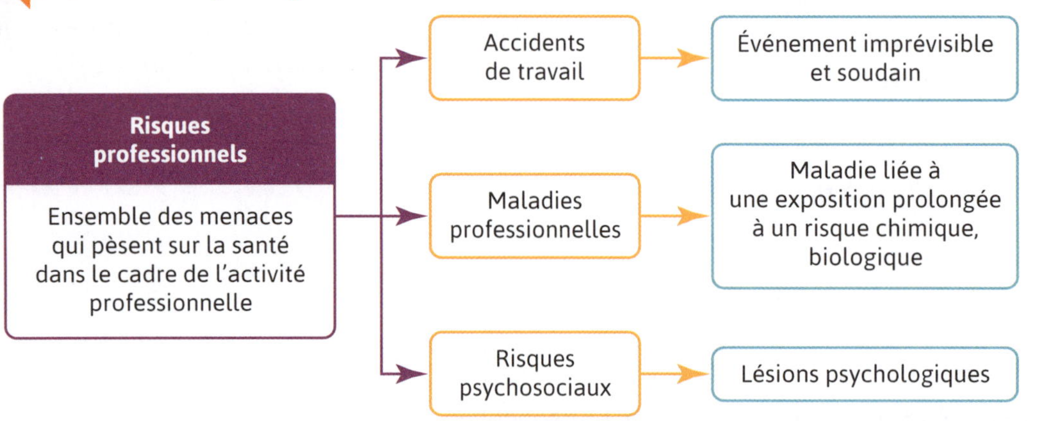

© Foucher

RHC NEWS

La Covid-19 a été reconnue comme maladie professionnelle sous certaines conditions pour les soignants (décret du 14 septembre 2020). Seuls les soignants ayant contracté une forme grave nécessitant une assistance respiratoire et ayant déclaré la maladie dans les quatorze jours de l'exposition bénéficient d'une reconnaissance automatique.

2 Reliez chaque situation à la catégorie de risques professionnels correspondante.

Électrocution liée à une prise dénudée •	
Brûlure liée à la manipulation d'un poste à souder •	• Accidents du travail
Cancer lié à l'exposition à l'amiante •	• Maladies professionnelles
Perte de sommeil liée au stress •	• Risques psychosociaux
TMS liées à la manutention de charges •	

3 Qualifiez le risque à l'origine de l'arrêt de travail de Coline, employée de Kop Run SARL.

....

....

2 Le suivi et l'analyse de la santé et de la sécurité

« Aya et Mickaël sont invités à une conférence sur les risques et la sécurité dans leur secteur d'activité par le groupement des professionnels de l'automobile. À cette occasion, de grands constructeurs présentent leur bilan social, véritable outil d'aide à la décision. Aya et Mickaël décident alors de mettre en place une démarche adaptée à la taille de leur entreprise.

DOC 3 Tableau de bord social (TBS) de l'entreprise Kop Run SARL

Heures théoriques de travail en 2021	493 500
Journées perdues pour incapacité de travail	3 000
Heures annuelles d'absence	35 000

Départs pendant la période d'essai	2
Démissions en année 2021	3
Accidents avec arrêt de travail	5
Effectif au 01/01/2021	25

	Formules	Résultats du 01/01/2021 au 31/12/2021 en %	Données du secteur en %
Taux de rotation	....	.... = 20	11
Taux d'absentéisme	....	.... = 7,10	5,48
Taux de fréquence	....	.... = 10,13	9,19
Taux de gravité	....	.... = 6,07	5,87

1 Retrouvez la formule de chaque indicateur et notez-la dans la colonne « Formules » du TBS.

2 Détaillez, dans la colonne « Résultats », les calculs qui ont permis de trouver les résultats.

3 Précisez dans quel autre document une organisation peut trouver ces mêmes indicateurs.

....

4 Analysez les résultats du tableau de bord social. ....

....

....

....

DOC 4 Enquête de satisfaction interne

Aya : Le questionnaire soumis aux salariés a été traité. Il visait à recueillir anonymement leur perception de la santé et de la sécurité au travail. La situation est grave.
Mickaël : Oui, le taux de satisfaction au travail du personnel est de 65 %, mais 30 % des salariés indiquent avoir des craintes pour leur sécurité. Ils sont 20 % à ne pas avoir confiance en leur supérieur.

vidéo
Une solution pour connaître la satisfaction des salariés - 1,42 min
foucherconnect.fr/21rhc34

5 Précisez si l'enquête sociale est en cohérence avec les indicateurs sociaux.

....

....

6 Formulez des raisons qui pourraient être à l'origine du manque de confiance des salariés en leur supérieur.

....

....

3 La mise en place des actions de prévention

« Mickaël et Aya décident d'agir et de mettre en place des actions visant à améliorer la santé et la sécurité des salariés du garage, notamment grâce à l'aide de plusieurs acteurs internes et externes.

DOC 5 Médecin du travail, un acteur externe de la prévention

À l'attention de l'entreprise Kop Run SARL

J'ai reçu en consultation M. Octon, carrossier dans votre garage. Lors de notre échange, il m'a décrit ses conditions de travail et je viens par la présente attirer votre attention sur le risque d'asthme. Les substances chimiques que les carrossiers doivent ajouter à la peinture pour en accroître la résistance sont des agresseurs redoutables pour les salariés non protégés. L'exposition respiratoire à ces substances, même à de faibles quantités, peut déclencher une réaction allergique appelée l'asthme professionnel. Il s'agit d'une maladie irréversible. Plusieurs précautions peuvent empêcher l'apparition de cette maladie : masque intégral, gants de protection et ventilation efficace.

Pour la médecine du travail - Le Docteur Verin

 # vidéo L'inspecteur du travail - 2,44 min
foucherconnect.fr/21rhc35

1 Surlignez parmi les propositions le type de risques professionnels auquel correspond cet asthme.

Accident du travail — Maladie professionnelle — Risques psychosociaux

2 Justifiez votre choix. ....

....

....

DOC 6 Le document unique d'évaluation des risques

Le Code du travail oblige les employeurs à rédiger et à mettre à jour annuellement le document unique d'évaluation des risques (DUER). C'est au chef d'entreprise d'élaborer le DUER qui est une « photographie » à jour de la situation générale de l'entreprise en matière de sécurité et d'hygiène. Il permet aussi de présenter le programme annuel des actions de prévention des risques. En effet, il décrit les risques mais aussi les actions à mettre en œuvre pour les réduire. Les entreprises peuvent s'appuyer sur des outils numériques et associer les collaborateurs à sa réalisation.

 # vidéo Aider les PME et les TPE à évaluer les risques - 2,21 min
foucherconnect.fr/21rhc36

3 Expliquez quelle est l'utilité du DUER.

....

....

DOC 7 Extrait du DUER de l'entreprise Kop Run SARL

Risques potentiels	Intensité	Gravité	Fréquence	Actions de prévention
• Risques liés à l'emploi de produits chimiques	2	3	2	....
• Risques liés aux bruits ambiants (moteurs, machines spécifiques, etc.)	3	3	3	Port de bouchons d'oreilles
• Chutes de plain-pied par glissades, par butée...	1	2	2	Rangement. Nettoyage des sols. Bacs de récupération

Intensité : 1- Faible, 2- Moyenne, 3- Forte.
Fréquence : 1- Jamais, 2- Parfois, 3- Souvent.
Gravité : 1- Faible, 2- Moyenne, 3- Forte.

4 Indiquez dans le DUER de l'entreprise des actions de prévention à mettre en place pour les risques liés à l'emploi de produits chimiques.

“ Aya organise une réunion avec le CSE pour choisir un référent en matière de lutte contre le harcèlement (comme indiqué dans l'accord interprofessionnel). De nombreuses propositions ont émergé lors de la réunion : création d'une charte anti-harcèlement affichée dans l'entreprise, formation de l'encadrement, rappel des sanctions pénales et disciplinaires encourues, etc.

DOC 8 Prévenir le harcèlement moral et sexuel au travail

Le Code du travail condamne toute forme de harcèlement et de violence au travail, l'employeur a l'obligation de prendre les mesures nécessaires pour prévenir ce risque. Chacun, quel que soit, son poste peut être concerné.

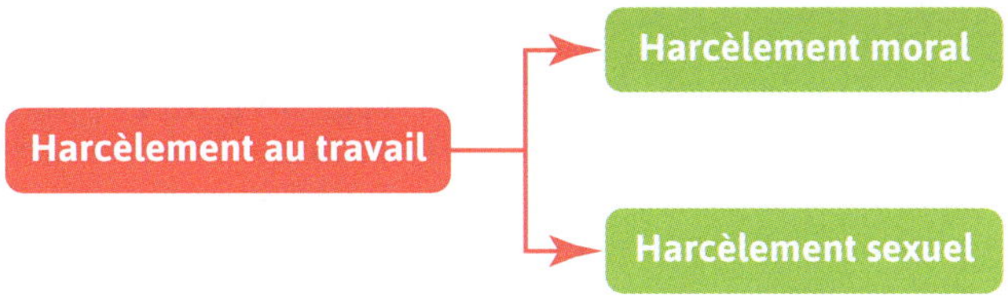

© Foucher

5 Recherchez la définition du harcèlement moral au travail.

6 Recherchez la définition du harcèlement sexuel au travail.

7 Trouvez d'autres actions à mettre en place pour sensibiliser les salariés à la lutte contre le harcèlement au travail.

DOC 9 Acteurs internes de la prévention

De : direction@koprun.fr
A : liste-diff-KopRun
Objet : Groupe de travail « prévention des risques professionnels »

Bonjour,

Comme vous le savez, en tant qu'employeur, nous sommes chargés d'assurer la prévention des risques professionnels et de préserver la sécurité et la santé physique et mentale des salariés.

Nous avons souhaité mettre en place un groupe de travail afin de créer une charte « Santé et sécurité au travail » dont les participants seront les membres du CSE, représentants du personnel, Léa et Morad, les responsables d'équipes, et Stanislas, le sauveteur secouriste du travail.

Nous sommes tous très motivés par ce projet !

Bien cordialement

Aya

8 Justifiez la nécessité d'impliquer les salariés dans une démarche de prévention des risques au travail.

9 Résumez l'attitude que doit avoir l'employeur en matière de prévention.

4 La couverture santé des salariés

Mélanie, salariée de Kop Run SARL depuis deux mois, sort de l'ophtalmologiste. Elle doit changer sa paire de lunettes. Elle se renseigne sur ses droits pour savoir si elle pourra assumer cette dépense.

DOC 10 La protection nationale contre les risques liés à la santé

La Sécurité sociale a pour mission de protéger les Français. Elle repose sur un principe de solidarité. Au sein de la Sécurité sociale, l'Assurance maladie gère deux branches : la branche maladie et la branche accidents du travail/maladies professionnelles.
Elle se compose de plusieurs régimes couvrant chacun des catégories socioprofessionnelles spécifiques avec des modalités de gestion et de prise en charge différentes :

- le **régime général** prend en charge la majorité de la population : travailleurs salariés, indépendants, ainsi que toute personne bénéficiant de droit au titre de la résidence (protection universelle maladie) et leurs ayants droit ;
- le **régime agricole** prend en charge les exploitants, les salariés agricoles et leurs ayants droit ;
- de nombreux autres **régimes spéciaux** (SNCF, avocats, etc.).

1 Relevez les risques couverts par le régime général de la Sécurité sociale. ....

....

DOC 11 Détail de la prise en charge des frais de santé de Mélanie

Description	Prix TTC en €	Prise en charge Sécurité sociale	Remboursement de la complémentaire santé
Monture dorée	179,00	2,84	100,00
Verre œil droit	115,00	4,12	100,88
Verre œil gauche	115,00	4,12	100,88

2 Expliquez pourquoi Mélanie peut être rassurée sur les dépenses à engendrer pour ses lunettes.

....

....

....

....

3 Comparez en valeur relative le remboursement effectué par le régime général de la Sécurité sociale et celui de la complémentaire santé.

....

....

DOC 12 Nouveau contrat de complémentaire santé

Mickaël : Actuellement, nos salariés bénéficient d'un contrat de complémentaire santé intéressant pour faire face à des dépenses de santé. Les tarifs sont plus attractifs que s'ils devaient s'assurer individuellement, mais j'aimerais pouvoir faire plus.

Aya : L'entreprise prend en charge 50 % de la cotisation de chaque salarié et ceux-ci peuvent déduire les 50 % à leur charge de l'impôt sur le revenu. C'est déjà un bel effort.

Mickaël : Toutefois nous ne faisons que respecter la loi qui, depuis 2016, oblige toutes les entreprises à faire de même. Je crois que nous pourrions aller plus loin et faire de ce contrat un véritable outil d'attractivité pour les nouveaux talents que nous souhaitons recruter.

Aya : Oui, l'image de notre entreprise serait alors valorisée grâce aux actions mises en place pour améliorer le bien-être au travail. De plus, les cotisations de l'employeur ne sont pas soumises aux charges patronales et sont déductibles du résultat imposable. Tu as raison de t'intéresser à ce dossier, il faut évaluer son coût, mais je pense que ce serait un accord gagnant-gagnant.

4 Relevez les enjeux du contrat de complémentaire santé pour l'organisation. ....

....

....

3 MIN POUR RETENIR

EN AUDIO · EN VIDÉO · À L'ÉCRIT

foucherconnect.fr/21rhc37

1 L'identification des situations de travail à risques

Risques professionnels
- Accident du travail
- Maladie professionnelle
- Risques psychosociaux

→
- Dommages sur la santé des salariés
- Perte de performance liée à la peur des salariés
- Exercice du droit d'alerte et du droit de retrait des salariés
- PV de l'inspection du travail
- Image dégradée, perte d'attractivité

2 Le suivi et l'analyse de la santé et de la sécurité

Outils de mesure
- **Quantitatif :** bilan social, tableau de bord social
  - Taux d'absentéisme
  - Taux de gravité
  - Taux de rotation
  - Taux de fréquence
- **Qualitatif :** enquête sociale, communication directe formelle ou non avec les salariés, l'encadrement

3 La mise en place des actions de prévention

DUER → **Plan d'actions de prévention :** affichage, formation, port d'EPI, ergonomie, etc.
- Acteurs internes qui impliquent et mobilisent
- Acteurs externes qui conseillent et accompagnent

4 La couverture santé des salariés

Protection sociale (Sécurité sociale) : solidarité nationale couvrant les risques relatifs à la santé : maladie et accident du travail/maladie professionnelle pour favoriser l'accès aux soins de tous.

Complémentaire santé : améliore la couverture des risques liés à la protection de la santé des salariés (selon les conditions du contrat) en complément de la Sécurité sociale.

Entraînez-vous !

3 minutes pour s'évaluer

foucherconnect.fr/21rhc38

ASSOCIATIONS

Associez les définitions aux termes qui leur correspondent.

Définitions

a Forme de maladie professionnelle.
b Risques professionnels pris en charge par l'assurance maladie.
c Document d'aide à la décision établi par l'organisation de manière volontaire.
d Document obligatoire quelle que soit la taille de l'organisation.
e Nombre d'accidents avec arrêt/Nombre d'heures travaillées × 1 000 000
f Instance représentative du personnel chargé notamment des questions relatives à la santé et la sécurité.
g Nombre de jours perdus pour incapacité de travail/ Nombre d'heures travaillées × 1 000
h Indicateur de mesure de la stabilité et de la fidélisation du personnel.
i Charges payées par l'employeur.

Termes

1 Taux de fréquence
2 Taux de rotation
3 Taux de gravité
4 DUER
5 CSE
6 TMS
7 AT/MP
8 TBS
9 Cotisations AT/MP

1		4		7	
2		5		8	
3		6		9	

Exercice 1 Évaluer les coûts en cas de TMS

Marxer SARL est un centre de fabrication de pâtes alimentaires employant 250 collaborateurs dont 80 % au poste de conducteurs de ligne. Les membres du CSE indiquent que 50 % des conducteurs de ligne se plaignent de maux de dos chroniques. Le dirigeant souhaite suivre l'exemple de l'entreprise Brioche Pasquier qui avait remporté le trophée TMS PRO 2018 en ayant mis en œuvre une politique de prévention des TMS.

- **Coût direct** (cotisation AT/MP, indemnités, etc.) : 250 €/an/salarié touché (en moyenne 2 j d'arrêt de travail/personne).
- **Coûts cachés** (épuisement des autres salariés, conflits, perte de productivité, etc.) : 8,5 fois le coût direct.

© Foucher

vidéo
Trophées TMS Pros 2018
foucherconnect.fr/21rhc39

Questions

1. Calculez le coût total de la situation pour l'entreprise Marxer SARL.
2. Indiquez en pourcentage le poids des coûts cachés.
3. Formulez trois axes d'amélioration possibles pour réduire les TMS dans l'entreprise.

Le déclic

Analysez bien les consignes pour répondre au travail demandé.

> Pour toutes les consignes nécessitant de faire un ou plusieurs calculs, la réponse doit indiquer la formule, l'opération conduisant au résultat chiffré, sans oublier l'unité.

Exercice 2 Déclarer un accident du travail, une obligation pour l'employeur

Paula est stagiaire au service ressources humaines de C+Nat, une association employant trente salariés et qui est spécialisée dans l'entretien d'espaces verts. Il est 10 h 00 lorsque Myriam, la responsable d'équipe, l'appelle pour l'informer que Léo Dupart est tombé de l'échelle du chantier et s'est probablement cassé le poignet. Paula commence à préparer les éléments qui seront nécessaires pour établir la déclaration en ligne d'accident du travail.

Questions

1. Expliquez pourquoi Paula comprend qu'elle va devoir établir une déclaration accident du travail.
2. Schématisez le processus de déclaration et de prise en charge de l'accident de travail en vous aidant du site ameli.fr. Précisez à chaque étape les documents et les acteurs concernés.
3. Indiquez les conséquences liées à l'accident du travail pour le salarié et pour l'organisation.

Exercice 3 Recruter grâce à une politique santé et sécurité efficace

Notre enseigne recherche pour son hypermarché situé à Blois un(e) :

Chef de rayon alimentaire (H/F)

Votre Profil : de formation bac +2, la connaissance des produits serait un plus. Vous appréciez animer et piloter votre équipe dans un environnement dynamique au contact de la clientèle.

Vos missions :
- Garantir l'attractivité de son rayon tout en respectant l'implantation, la qualité, la rotation des produits et la gestion des stocks.
- Accueillir et conseiller les clients du rayon.
- Procéder au transport, au rangement, au conditionnement et à l'étiquetage des produits.
- Assurer la conformité en veillant au tri et à l'enregistrement des marchandises non vendables.
- Réaliser des contrôles d'hygiène.
- Sensibiliser et former son équipe.

Les avantages :
- Une rémunération sur 13,5 mois après un an d'ancienneté.
- Intéressement + participation.
- Mutuelle et prévoyance.
- Offres CE.
- 5 semaines de congés payés.
- 10 % de remise sur achat.
- Des perspectives d'évolution pour grandir.
- Plusieurs mesures ont été mises en place pour protéger nos collaborateurs (équipements de protection individuelle, gel hydroalcoolique, mesure de distanciation sociale, etc.).

Questions

1. Indiquez, en vous appuyant sur le descriptif des missions, les situations qui pourraient être à risque pour les collaborateurs.
2. Relevez les mots et les expressions relatifs à la santé et à la sécurité dans l'annonce.
3. Expliquez pourquoi mentionner la politique de sécurité sur l'annonce peut être un atout pour l'entreprise.

Entraînez-vous !

Exercice 4 Prévenir la pénibilité au travail

Toute entreprise doit prévenir la pénibilité au travail. Lorsqu'un salarié est exposé à des facteurs de risques professionnels au-delà de certains seuils, l'employeur doit établir une déclaration. Le salarié bénéficie alors d'un compte professionnel de prévention (C2P) sur lequel il peut accumuler des points.
Le salarié affilié au régime général de la Sécurité sociale ou à la Mutualité sociale agricole (MSA) bénéficie d'un C2P s'il a un contrat de travail d'au moins un mois et s'il est exposé à un ou plusieurs facteurs de pénibilité.
Le salarié peut s'informer sur le site www.preventionpenibilite.fr ou auprès du 3682.
La pénibilité se caractérise par une exposition, au-delà de certains seuils, à un ou plusieurs facteurs de risques professionnels pouvant laisser des traces durables, identifiables et irréversibles sur la santé. Pour être prise en compte, la pénibilité doit avoir une intensité et une durée minimales. Ces valeurs minimales sont évaluées en prenant en compte des moyens de protection collective ou individuelle mis en œuvre par l'employeur. La pénibilité peut être liée aux rythmes de travail et à un environnement physique agressif. Quelques exemples de situation justifient l'établissement d'une déclaration par l'employeur.
Le nombre de points dépend des facteurs de risques et de l'âge du salarié. Les points acquis sur l'année par le salarié sont reportés sur son compte une fois par an, à la suite de la déclaration de son employeur. Le nombre total de points pouvant être inscrits sur le compte est plafonné à 100 sur toute la carrière du salarié. Les points accumulés sur le compte restent acquis au salarié jusqu'à ce qu'il les utilise en totalité ou à son départ à la retraite.

Facteurs liés aux rythmes de travail		
Facteurs de pénibilité	**Intensité minimale**	**Durée minimale**
Travail en équipes successives alternantes (exemple : travail posté en 5 × 8, 3 × 8)	Travail en équipe impliquant au minimum 1 heure de travail entre minuit et 5 heures	50 nuits/an
Facteurs liés à un environnement physique agressif		
Facteurs de pénibilité	**Intensité minimale**	**Durée minimale**
Températures extrêmes	Température inférieure ou égale à 5 °C ou supérieure ou égale à 30 °C	900 heures/an

www.servicepublic.fr – © DILA

Questions

1. Expliquez la notion de pénibilité.
2. Relevez les critères permettant de savoir quels sont les postes concernés dans une organisation.
3. Indiquez les trois moyens d'utiliser les points acquis sur un C2P par un salarié, à l'aide d'une recherche sur le site d'information cité ci-dessus.

Exercice 5 Agir à tous les niveaux de l'entreprise

Chers collaborateurs,
Équipementier automobile depuis maintenant plus de 90 ans, Valeo s'impose aujourd'hui comme une société de technologies innovantes qui, grâce aux nombreux partenariats conclus avec des constructeurs automobiles du monde entier, développe les technologies automobiles de demain. Le succès et la croissance de Valeo sont basés sur ses valeurs, l'Éthique, la Transparence, la Responsabilisation, le Professionnalisme et le Travail en équipe.
Quels que soient nos fonctions et le pays dans lequel nous travaillons, nous agissons avec intégrité et respect de nos clients, de nos collègues, de nos actionnaires, et de tous nos partenaires.
À mesure que nous nous développons à travers le monde, nous devons continuer à promouvoir nos exigences les plus élevées en matière d'intégrité et à partager nos valeurs avec nos collaborateurs et nos partenaires, dans l'intérêt de Valeo.
Ce code reflète l'éthique des affaires du Groupe. Il s'applique à notre vie professionnelle au quotidien et répond aux situations et aux questionnements auxquels nous pouvons être confrontés. Il aide à trouver les réponses ou orientations nécessaires.
Mais, au-delà des règles et des principes, c'est notre éthique et notre volonté individuelle et collective de bien faire qui font la différence. <u>Tout repose sur les équipes de Valeo, en ce qu'elles sont tout à la fois les ambassadeurs et les gardiens de nos principes et de nos valeurs, et donc de notre avenir</u>.
Veuillez lire attentivement ce code et le consulter aussi souvent que nécessaire. Discutez-en avec vos collègues, vous serez les garants de notre réussite future. Et bien sûr, n'hésitez pas à poser des questions et à demander conseil chaque fois que vous en ressentirez le besoin.
Sincèrement, Jacques Aschenbroich, CEO

Valéo, Code d'Éthique – 2018

Questions

1. Indiquez quel est l'intérêt de ce code interne pour l'entreprise et ses collaborateurs.
2. Expliquez la phrase soulignée.

DÉCOUVRIR EN VIDÉO
La politique de rémunération de Natixis - 3,33 min
foucherconnect.fr/21rhc06

8 La rémunération

Valentine attend davantage de reconnaissance et de valorisation dans son travail

Valentine est responsable de gestion administrative chez Top'Brico, un magasin de bricolage situé à Tours. Depuis la démission d'une collègue, elle doit également assurer la gestion de la paie des dix salariés. Son amie Judith est la conseillère chargée des comptes de Top'Brico à la banque Crédit-Centre. Valentine confie à Judith que, selon elle, son salaire ne valorise pas son investissement au travail.

> **Pourquoi Valentine ne se sent-elle ni valorisée ni reconnue dans son travail ?**

....

....

....

> **Quels éléments participent à la satisfaction professionnelle de Judith ?**

....

....

Passerelles
- 1re SDGN – Rémunération – Coût du travail
- Tle Droit – Contrat de travail

CAPACITÉ × Repérer les différentes formes de rémunération (collective, individualisée) et en identifier les effets sur la satisfaction des salariés, l'attractivité et la performance de l'organisation.

Notions
L'individualisation de la rémunération : primes individuelles et collectives, avantages particuliers + les formes de rémunération collective : intéressement, participation, épargne salariale

1 Le cadre légal et réglementaire de la rémunération

« Pour remplir sa mission de gestion de la paie, Valentine cherche à comprendre les différentes sources juridiques de la rémunération individuelle. Judith lui montre son contrat de travail pour l'aider.

DOC 1 Le Code du travail (extraits)

Article L. 3221-3 : « Constitue une rémunération [...], le salaire ou traitement ordinaire de base ou minimum et tous les autres avantages et accessoires payés, directement ou indirectement ; en espèces ou en nature, par l'employeur au salarié en raison de l'emploi de ce dernier. »
Article L. 141-4 : « [...] le salaire minimum de croissance (SMIC) est fixé, [...] chaque année avec effet du 1er juillet. »

DOC 2 Contrat de travail de Judith

[...] Article 5 : Rémunération
Le contrat de Madame Judith CHANCE est soumis aux dispositions de la Convention Collective Nationale du Crédit-Centre du 19 janvier 1992 (dont un exemplaire a été remis à Madame Judith CHANCE), ainsi qu'aux dispositions particulières du présent contrat.
Madame Judith CHANCE sera employée en qualité de conseiller des professionnels – Niveau G – Conseiller Clientèle. Votre rémunération mensuelle brute est fixée à 2 198,33 euros sur 12 mois correspondant à une rémunération annuelle brute de 26 283,96 euros. [...]
Le présent contrat est conclu pour une durée indéterminée à compter du 19 avril 2002 à temps plein, du mardi au samedi, et pour une durée mensuelle de 151,67 heures conformément aux dispositions de l'accord national sur le temps de travail du Crédit-Centre du 7 janvier 2000.

DOC 3 La convention collective nationale de la banque (extrait)

La convention collective de la banque concerne les entreprises ayant la qualité de banque en application de l'article L. 511-9 du Code monétaire et financier. La grille des salaires annuels bruts minima définie en euros pour chaque niveau de chaque catégorie est la suivante :

Catégories et niveaux	Salaire minimum annuel brut
Techniciens	
Niveau A	18 000 euros
[...] Niveau G	25 180 euros
Cadres	
Niveau H	27 910 euros
[...] Niveau K	49 020 euros

DOC 4 La négociation annuelle obligatoire (NAO)

Dans les entreprises ayant un ou plusieurs délégués syndicaux, l'employeur doit engager chaque année un certain nombre de négociations : notamment, la négociation sur la rémunération, le temps de travail et le partage de la valeur ajoutée.

 # vidéo
La rémunération du salarié - 3,19 min
foucherconnect.fr/21rhc07

1 Repérez les obligations des employeurs concernant la rémunération de leurs salariés.

2 Comparez le montant du salaire minimum annuel brut de la convention collective de la banque à celui perçu par Judith.

3 Expliquez pourquoi Valentine doit vérifier le contenu de la convention collective de rattachement de Top'Brico, dans le cadre de la gestion de la paie.

Judith montre ensuite à Valentine son bulletin de salaire afin de comparer leur situation.

DOC 5 Bulletin de salaire de Judith (extrait simplifié)

BULLETIN DE PAIE
Période du 01/09/2020 au 30/09/2020

Banque Crédit-Centre 1, place de la Bourse 37000 Tours Siret : 399780009100010 Convention Collective Nationale du Crédit-Centre du 19 janvier 1992	Mme Judith CHANCE 13, rue des Trèfles 37300 Joué-lès-Tours Numéro SS : 2920130236789 Emploi : Conseiller de clientèle Date entrée : 19/04/2002 Affectation : agence du centre

Salaire de base	151,67	19	2 881,73
Prime d'ancienneté			75,00
Supplément familial (2 enfants)			71,00
13e mois			147,00
Prime sur objectifs individuels			78,00
Prime d'équipe sur atteinte des objectifs			81,00
Salaire brut			①

Nature des cotisations	Base	Cotisations salariales		Cotisations patronales	
		Taux	Montant	Taux	Montant
Santé				15,15	505,06
Accident du travail - maladie professionnelle				1,30	43,34
Retraite	①	11,30	376,71	16,46	548,73
Famille				3,45	115,01
Chômage				4,20	140,02
CSG-CRDS*	3 275,39	9,70	317,71		
Total des cotisations			②		③
Salaire net avant impôt sur le revenu					④
Prélèvement à la source (10 %)					263,93
Salaire net à payer *(par virement bancaire le 28/09/2020)*					⑤

À conserver sans limitation de durée

**Une déduction forfaitaire de 1,75 % est appliquée sur la base de calcul pour tenir compte des frais professionnels. La base de calcul est alors de 98,25 % du salaire brut pour le calcul de la CSG (Contribution Sociale Généralisée) et de la CRDS (Contribution pour le Remboursement de la Dette Sociale)*

4 Surlignez dans le bulletin de salaire les éléments régis par le cadre légal et réglementaire.

5 Complétez le bulletin de salaire de Judith, en calculant :

① Le salaire brut : ……………………………………………

② Les cotisations salariales : ……………………………………………

③ Les cotisations patronales : ……………………………………………

④ Le salaire net avant impôt : ……………………………………………

⑤ Le salaire net à payer : ……………………………………………

6 Déterminez le coût du travail de Judith en septembre 2020 pour le Crédit-Centre.

……………………………………………

……………………………………………

RHC NEWS

Depuis 2019, le prélèvement à la source consiste à déduire l'impôt sur le revenu du salaire ou de la pension de retraite chaque mois. Le montant définitif de l'impôt dû au titre des revenus de l'année est calculé par l'administration fiscale.

2 La rémunération individuelle

Il est impératif pour Valentine de connaître les composants de la rémunération individuelle si elle veut remplir sa nouvelle mission.

DOC 6 L'individualisation de la rémunération

Pour valoriser l'implication des salariés dans leur travail, les entreprises pratiquent l'individualisation des rémunérations : le salaire se compose d'une partie fixe, liée à la qualification et à la classification des emplois de la convention collective de rattachement, et d'une part variable liée aux performances du salarié ou d'une équipe.

© Foucher

1 Expliquez le but de l'individualisation de la rémunération.

....

....

DOC 7 Prime sur les ventes chez Top'Brico

Valentine s'occupe de la paie d'Axel, un très bon vendeur du magasin. Elle vient de finir le calcul de la part fixe. Elle doit maintenant s'atteler à la part variable. Chez Top'Brico, les vendeurs ont une prime mensuelle correspondant à un pourcentage du montant des ventes réalisées individuellement. Le mois dernier, Axel a réalisé 2 325 € de chiffre d'affaires.

Montant des ventes	Jusqu'à 1 500 €	Entre 1 500 € et 3 000 €	Au-delà 3 000 €
Prime	Aucune	3 % du montant des ventes	5 % montant des ventes

2 Calculez la prime que va toucher Axel pour les ventes qu'il a réalisées le mois dernier. ....

3 Déterminez si ce système de prime peut s'appliquer au travail de Valentine.

....

DOC 8 Les primes individuelles, les primes collectives et les avantages particuliers

	Objectifs	Exemples
Primes individuelles fixes ou variables	Récompensent le résultat du travail d'un salarié.	*Nombre de pièces produites ; nombre de commandes enregistrées ; nombre de dossiers traités (suivant le secteur d'activité).*
Primes collectives	Valorisent les résultats de l'équipe dans son ensemble.	
Avantages particuliers	Diffèrent suivant les conventions et/ou accords collectifs de rattachement.	*Prime d'ancienneté ; 13e mois ; supplément familial, etc.*

4 Associez les composants de la rémunération de Judith à la catégorie correspondante.

Supplément familial •	• Prime individuelle
Prime d'ancienneté •	
Prime sur objectifs individuels •	• Prime collective
Prime d'équipe sur atteinte des objectifs •	
13e mois •	• Avantage particulier
Carte titres-restaurant •	

 # vidéo
Irrijardin verse une prime exceptionnelle - 1,32 min
foucherconnect.fr/21rhc08

5 Relevez les limites de chaque prime et des avantages particuliers. ....

....

....

3 La rémunération collective

« Valentine a encore quelques interrogations sur la rémunération collective. Elle demande des précisions à son amie Judith.

DOC 9 Intéressement et participation aux résultats

Valentine : Tu m'as dit que tu allais percevoir des primes d'intéressement et de participation aux résultats, mais qu'est-ce que c'est ?
Judith : Ce sont des compléments de rémunération donnés à l'ensemble des salariés en fonction des résultats de l'entreprise. Nous avons obligatoirement droit à la participation aux résultats, car la banque compte plus de cinquante salariés. C'est un mécanisme de redistribution des bénéfices de l'entreprise aux salariés. Son calcul prend également en compte les capitaux propres. Il faut aussi qu'un accord soit conclu après négociation des organisations syndicales représentatives.
Valentine : Donc pour avoir la participation aux résultats chez Top'Brico, il faudrait que la direction le décide, car nous ne sommes que dix salariés ! Et l'intéressement ?
Judith : L'intéressement est une prime collective facultative versée sur décision de l'entreprise et liée à la réalisation d'une performance collective (totalité des salariés). D'après l'accord conclu le mois dernier à la Banque Crédit-Centre, son calcul va porter sur un objectif de nombre de comptes ouverts et de taux de satisfaction des clients.
Valentine : Ils devraient y réfléchir chez Top'Brico. Cela valoriserait notre travail et renforcerait l'esprit d'équipe entre commerciaux et administratifs. C'est aussi une manière de nous montrer de la reconnaissance.

1 Associez chaque caractéristique à la forme de rémunération collective correspondante.

Est obligatoire si l'entreprise compte plus de cinquante salariés •	
Aboutit à la conclusion d'un accord collectif •	• Intéressement
Est lié à la réalisation d'une performance collective •	
Est lié aux bénéfices et aux capitaux propres de l'entreprise •	
Est facultatif •	• Participation aux résultats
Nécessite une négociation des organisations syndicales représentatives •	

DOC 10 Les nouveaux avantages pour les entreprises de petite taille

Avec la loi de financement de la Sécurité sociale du 3 décembre 2018 pour 2019, lorsqu'une entreprise de moins de cinquante salariés décide de mettre en place un dispositif de versement de participation aux résultats à ses salariés, elle est exonérée de « forfait social », une imposition à la charge de l'employeur. Il en va de même pour l'intéressement dans toutes les entreprises allant jusqu'à deux cent cinquante salariés.

© Foucher

2 Expliquez l'objectif de la loi de financement de la Sécurité sociale pour 2019.

....

....

....

3 Déterminez l'intérêt pour Top'Brico de verser l'intéressement et la participation à ses salariés.

....

....

....

« Judith explique à Valentine comment chaque salarié peut se constituer une épargne grâce à la rémunération collective.

DOC 11 Le fonctionnement de l'épargne salariale

L'épargne salariale est un système qui permet aux salariés de mettre de l'argent de côté pour se constituer un patrimoine et/ou une retraite complémentaire. Les primes d'intéressement et/ou de participation aux résultats attribuées par l'employeur peuvent, au choix du salarié, lui être versées directement ou être déposées sur un plan d'épargne salariale : plan d'épargne entreprise (PEE) ou plan d'épargne retraite (PER). Dans ce cas, les sommes sont indisponibles pendant au moins cinq ans (sauf cas de déblocage exceptionnel prévus par la loi) et deviennent non imposables sur le revenu pour les bénéficiaires.

Par ailleurs, ces plans d'épargne peuvent être alimentés par des versements complémentaires de l'entreprise, appelés abondements, fiscalement avantageux pour elle. C'est pourquoi l'intéressement, la participation aux résultats et les abondements sont des compléments de rémunération non substituables au salaire. En général, les sommes versées sur les plans d'épargne sont investies dans un fonds commun de placement entreprise (FCPE).

vidéo
Comprendre l'épargne salariale - 2,03 min
foucherconnect.fr/21rhc09

4 Soulignez les appellations correspondant aux comptes supports de l'épargne salariale.

5 Surlignez le nom du dispositif dans lesquels l'épargne salariale peut être investie.

6 Précisez en quoi consiste l'abondement.

....

....

....

DOC 12 Les avantages de l'épargne salariale pour les salariés et l'entreprise

Avantages pour les salariés	Avantages pour l'entreprise
• Se constituer une épargne. • Se rassurer sur l'avenir en anticipant la retraite. • Financer un projet. • Bénéficier d'avantages fiscaux et sociaux. • Se sentir reconnu et valorisé dans son travail.	• Encourager l'implication des collaborateurs dans le développement de l'entreprise. • Augmenter la performance. • Diminuer le résultat imposable avec la déductibilité de l'abondement et de la participation. • Bénéficier d'avantages fiscaux et sociaux. • Renforcer l'attractivité.

7 Expliquez pourquoi la rémunération collective est un levier de motivation des salariés.

....

....

....

....

....

....

8 Déterminez les conséquences possibles de la mise en place d'un dispositif d'épargne salariale chez Top'Brico.

....

....

....

....

....

3 MIN POUR RETENIR

EN AUDIO · EN VIDÉO · À L'ÉCRIT

foucherconnect.fr/21rhc10

1 Le cadre légal et réglementaire de la rémunération

La rémunération du salarié repose sur...

- le Code du travail
- le contrat de travail
- la convention collective
- la négociation annuelle obligatoire

2 La rémunération individuelle

Bulletin de salaire

- **Individualisation de la rémunération**
  - Part fixe
  - Part variable
- **Primes individuelles**
- **Primes collectives**
- **Autres avantages**

3 La rémunération collective

Bénéfices réalisés par l'entreprise	Versement	Comptes	Produits de placement
	• Intéressement • Participation aux résultats • Versements complémentaires de l'entreprise	**Plan d'Épargne Entreprise (PEE)** **Plan d'Épargne Retraite (PER)**	Fonds Commun de Placement Entreprise (FCPE) Ex.: actions, obligations...

Entraînez-vous !

3 minutes pour s'évaluer

foucherconnect.fr/21rhc11

ASSOCIATIONS

Associez les définitions aux termes qui leur correspondent.

Définitions

1 Contrepartie du travail réalisé par le salarié.

2 Salaire et autres éléments versés par l'employeur.

3 Pratique pour valoriser l'implication des salariés dans leur travail.

4 Document détaillant le salaire.

5 Rémunération complémentaire au salaire de base qui a pour objectif de récompenser le résultat du travail d'un salarié.

6 Dispositif mis en œuvre par une entreprise pour permettre à ses salariés de se constituer un patrimoine ou une retraite complémentaire.

7 Prime liée à la performance de l'entreprise.

8 Prime calculée à partir du montant des bénéfices réalisés.

9 Versements de l'entreprise aux salariés, complémentaires à l'intéressement et à la participation aux résultats.

10 Supports possibles d'investissement de l'épargne salariale.

Termes

a Rémunération

b Épargne salariale

c Abondements

d Fonds commun de placement entreprise (FCPE)

e Salaire

f Prime individuelle

g Intéressement

h Individualisation de la rémunération

i Participation aux résultats

j Bulletin de salaire

1		6	
2		7	
3		8	
4		9	
5		10	

Exercice 1 Identifier les effets de la rémunération

Une enquête menée par *The Wall Street Journal*, portant sur 752 grandes sociétés cotées en Bourse, rapportée en août 2019 dans le journal *L'Opinion*, a cherché à examiner le lien entre la rémunération des employés et la satisfaction au travail.
Les conclusions sont sans équivoque. Les entreprises dont les salaires ont tendance à être supérieurs à ceux des autres entreprises de leur secteur d'activité ont des employés plus satisfaits.
Si un employeur se classe parmi les plus performants sur le plan financier, ses employés revendiquent des salaires en conséquence.
La vice-présidente de PayScale, un logiciel de rémunération et une société de données qui aide les employeurs à gérer la rémunération des employés et les employés à comprendre leur valeur sur le marché du travail, explique les risques encourus par les entreprises qui ne partagent pas équitablement leurs bénéfices avec leurs salariés.
Elle met d'ailleurs en garde les entreprises qui ont ce type de pratique, car un faible taux de satisfaction au travail entraîne souvent un turnover élevé qui peut nuire au service à la clientèle. Pour l'entreprise, cela génère des coûts liés au recrutement et à la formation de nouveaux employés. Les entreprises qui ont les ressources financières nécessaires ne devraient donc pas raisonner à court terme en ce qui concerne les salaires.

Questions

1 Indiquez l'objet de l'étude menée par *The Wall Street Journal*.

2 Précisez les conclusions de l'étude menée par *The Wall Street Journal*.

3 Déterminez les effets d'une politique de rémunération équilibrée.

Exercice 2 Analyser les composantes de la rémunération individuelle

DOC 1 Présentation de la situation de Julie Martin

Mlle Julie MARTIN a été embauchée au 01/01/2020 comme Cheffe de projet Hygiène-Sécurité-Environnement à la société X SAS. Son contrat de travail indique que le temps de travail est fixé à 151 h 67 par mois. Le salaire de qualification correspondant à la convention collective des Industries chimiques et connexes est complété par une prime individuelle, versée au 31 décembre de chaque année, de 2,5 % du salaire de base en fonction de l'atteinte des objectifs d'hygiène et de sécurité fixés chaque année en conseil d'administration de la société. De plus, un accord d'entreprise prévoit des avantages particuliers. Au bout d'un an d'ancienneté un salarié a : un jour de congé supplémentaire, une prime d'assiduité de 1,5 % du salaire de base, une prime d'ancienneté de 0,5 % du salaire de base et des titres-restaurant.

DOC 2 Premier bulletin de salaire de Julie Martin

SOCIÉTÉ X SAS
14 RUE AUBER
75009 PARIS
SIRET : 399780009100010
N° APE : 6202A
CONVENTION COLLECTIVE : INDUSTRIES CHIMIQUES ET CONNEXES

PÉRIODE DU 01/01/2020 AU 31/01/2020
DATE D'ANCIENNETÉ : 01/01/2020
N° SÉCURITÉ SOCIALE : 290111111111111

JULIE MARTIN
14 RUE DES COQUELICOTS
53000 LAVAL

Classification : salarié non-cadre Catégorie : agent de maîtrise Emploi : chef de projet	Minimum coefficient : 2 243,68 Rémunération totale du mois : 2 243,68	Salaire de base : 2 243,68 Durée mensuelle : 151,67 h Taux horaire : 14,793

DÉSIGNATION	BASE	PART EMPLOYÉ		EMPLOYEUR
		TAUX	MONTANT	MONTANT
Salaire de base **Rémunération brute**	151,67	14,7935	2 243,68 2 243,68	
Santé Assurance maladie	2 243,68			291,68
Accident du travail – maladies professionnelles	2 243,68			224,37
Retraite Sécurité sociale plafonnée Sécurité sociale déplafonnée Complémentaire – Tranche 1	2 243,68 2 243,68 2 243,68	6,900 0,400 3,900	154,81 8,97 87,50	191,83 42,63 131,25
Famille – Sécurité sociale	2 243,68			77,41
Assurance chômage Chômage	2 243,68	0,950	21,31	94,24
Autres contributions dues par l'employeur				93,02
CSG non imposable à l'impôt sur le revenu **CSG/CRDS imposable à l'impôt sur le revenu**	2 204,42 2 204,42	6,800 2,900	149,90 63,93	
Allègement de cotisations				– 72,25
TOTAL COTISATIONS ET CONTRIBUTIONS SALARIALES			486,42	

	DU MOIS	DEPUIS JANV. 2020
Totale versé par l'employeur	3 317,86	3 317,86
Allègement de cotisations	112,64	112,64
Salaire brut	2 243,68	2 243,68
Net fiscal	1 821,19	1 821,19
Prélèvement à la source (10 %)	182,11	182,11

NET À PAYER	CHÈQUE	1 639,08
DATE DE PAIEMENT		31 JANVIER 2020

	ACQUIS	PRIS	SOLDE
CP N–1	0,00	0,00	0,00
CP N		0,00	2,50

COMMENTAIRES
Cumuls depuis le 1er janvier 2020 : net imposable 1 821,19 € ; salaire brut 2 243,68 € ; heures réellement travaillées 154 h.

Dans votre intérêt et pour vous aider à faire valoir vos droits, conservez ce bulletin de paie sans limitation de durée.

Questions

1. Présentez les éléments du cadre légal et réglementaire de la rémunération individuelle de Julie Martin.
2. Classez les éléments constitutifs de la rémunération de Julie Martin selon qu'il s'agit de primes individuelles, de primes collectives ou d'avantages particuliers.
3. Déterminez si la rémunération de Julie Martin présente les caractéristiques de l'individualisation de la rémunération.

Entraînez-vous !

Exercice 3 Expliquer les objectifs de la rémunération collective

DOC 1 Présentation de la Mutuelle d'assurances des Provinces

La Mutuelle d'assurances des Provinces (MAP) est reconnue employeur de l'année pour son système de rémunération. C'est une entreprise qui a défini une politique de rémunération équilibrée pour valoriser et reconnaître ses salariés dans leurs emplois respectifs. Les avantages que cette mutuelle accorde à ses salariés sont les suivants : jusqu'à quinze jours de congé supplémentaires ; des primes liées à l'atteinte des objectifs individuels et des primes d'équipe ; intéressement ; participation aux résultats ; des dispositifs d'épargne salariale ; parking gratuit ; self ; titres-restaurant ; mutuelle santé ; tarifs préférentiels sur les services commercialisés par l'entreprise ; crèche d'entreprise.

DOC 2 Contenu du BSI 2020 d'un salarié (extrait)

Bilan social individualisé 2020
Monsieur Léon FRION

SOMMAIRE
- Prime d'intéressement : 1 524,32 €
- Prime de participation aux résultats : 722,36 €
- Primes individuelles et collectives : 7 859,54 €
- Abondement de la mutuelle au PEE : 2 119 €
- Plan d'Épargne Entreprise (PEE) : oui
- Plan d'Épargne Retraite (PER) : oui
- Self d'entreprise : oui
- Titres-restaurant : 8 €/jour

 # vidéo
Le BSI digital
foucherconnect.fr/21rhc12

Questions

1. Repérez les différentes formes de rémunération collective à la MAP.
2. Expliquez en quoi consiste l'abondement.
3. Calculez le montant de l'épargne salariale que cet employé va pouvoir se constituer en 2020.
4. Montrez que la rémunération collective est un outil de valorisation et de reconnaissance des salariés de la MAP.

Le déclic

Analysez bien les consignes pour répondre au travail demandé.

> Définissez la notion centrale de la consigne, reprenez l'essentiel de la consigne dans votre réponse pour éviter le hors-sujet et illustrez votre réponse avec les éléments du cas.

Exercice 4 Présenter une politique de rémunération

Questions

1. Choisissez une organisation par groupe de trois ou quatre élèves.
2. Présentez succinctement l'organisation choisie : type, finalité(s), activité, secteur d'activité.
3. Repérez les différentes formes de rémunération (collective, individualisée) pratiquées par cette organisation.
4. Identifiez des éléments matérialisant les effets de la rémunération sur la satisfaction des salariés, l'attractivité et la performance de cette organisation (au moins deux éléments par catégorie).
5. Préparez un support diaporama pour réaliser une présentation orale de votre travail (10 diapositives/10 min maximum). Oral

9 Les conflits et la cohésion

DÉCOUVRIR EN VIDÉO
Les conflits au travail - 3,17 min
foucherconnect.fr/21rhc27

Inform'Ethik fait face à des tensions dans ses équipes

Inform'Ethik est une chaîne de magasins spécialisée dans la vente de matériels informatiques et de téléphonie durables, dirigée par Léon Orwell. Forte d'une mission basée sur la construction d'un monde durable, l'entreprise propose des produits aux matériaux recyclés et responsables. Conseiller clientèle depuis cinq ans chez Inform'Ethik, Georges est de plus en plus fatigué de son travail au sein de l'organisation. Une discussion a lieu en salle de pause avec Mariama, représentante du personnel.

> **Quelles sont selon Georges les causes de sa fatigue ?**

....

....

> **Quelles peuvent être les conséquences de ces tensions professionnelles ?**

....

....

Passerelles

- 1re SDGN – Communication interpersonnelle, interactions individu/groupe
  – Aptitudes à gérer les conflits, conflits et consensus

CAPACITÉS × Caractériser les relations professionnelles et les évolutions du climat social × Analyser un conflit, ses conséquences et ses modalités de résolution

Notions

Relations professionnelles, climat social + conflits interpersonnels, conflits sociaux, dépassement de conflits

1 Les relations professionnelles et le climat social

" Ayant eu vent de tensions pouvant exister au sein des magasins du groupe, Léon Orwell, président du groupe, décide de convoquer Mariama afin d'avoir son opinion sur le climat social de l'entreprise.

DOC 1 Les relations professionnelles en faveur du climat social

Les relations professionnelles sont constituées de l'ensemble des interactions qui peuvent exister entre les membres de l'entreprise. Salariés, direction ou représentants du personnel ont tous un rôle à jouer dans la préservation du climat social de l'organisation. Celui-ci est mesuré par la satisfaction des salariés vis-à-vis de leur travail et de l'organisation et dépend de nombreux autres facteurs : conditions de travail, style de direction et qualité de la communication en interne. Une mauvaise ambiance de travail entre les membres d'un groupe a des conséquences sur la performance de l'organisation, car elle peut entraîner absentéisme, démissions, conflits, baisse de la cohésion, etc. *A contrario*, un bon climat relationnel développe une meilleure cohésion et favorise l'image de marque de l'entreprise. Les bonnes relations entre les salariés sont un élément clé du bien-être au travail et de la fidélisation des salariés, bien qu'elles aient été bouleversées par l'épidémie de la Covid-19 et le télétravail dans plusieurs secteurs.

© Foucher

1 Surlignez les facteurs qui influencent le climat social d'une organisation.

2 Repérez les conséquences de mauvaises relations professionnelles pour les salariés et l'organisation.

....

....

3 Expliquez comment le télétravail a pu bouleverser les relations professionnelles.

....

....

DOC 2 Relations professionnelles au sein d'Inform'Ethik

Léon : Bonjour Mariama. De plus en plus de tensions au sein de notre entreprise m'ont été signalées, pouvez-vous m'en dire plus ?
Mariama : C'est maintenant que vous réagissez ? Nous vous avons envoyé plusieurs mails pour parler de nos conditions de travail, personne ne nous écoute, l'ambiance de travail est mauvaise.
Léon : On a donné une prime aux salariés le mois dernier pour les résultats en hausse.
Mariama : On ne parle pas d'argent, mais de conditions de travail ! Nous sommes tous fatigués ! Le personnel n'est pas remplacé, les horaires sont insoutenables et nos mails restent sans réponse !
Léon : Nous essayons pourtant de faire le maximum, nous sommes à l'écoute.
Mariama : À l'écoute ? Vous rigolez ? Ça fait des semaines qu'on essaie de vous parler.
Léon : J'ai aussi pas mal de choses à gérer, des problèmes avec les salariés…
Mariama : C'est donc nous le problème ? *Mariama sort en claquant la porte du bureau de Léon.*

4 Caractérisez les relations professionnelles au sein d'Inform'Ethik.

....

....

5 Identifiez les éléments qui ont conduit à ce type de relations.

....

....

Désireux de mieux comprendre les enjeux du climat social sur la cohésion de ses équipes, Léon reçoit un courriel d'Aïcha, directrice des ressources humaines du groupe.

DOC 3 Enjeux du climat social sur la cohésion de groupe

De : aicha.cheb@informethik.fr
A : leon.orwell@informethik.fr
Objet : Climat social et cohésion

22/03/2021 11 : 50

Bonjour Léon,

Pour faire suite à ta demande, voici quelques rappels importants. Le climat social a des conséquences sur les groupes des organisations. Un groupe où règnent une compétition malsaine et des relations tendues ne sera pas très cohésif. Les relations professionnelles entre les salariés seront inexistantes, voire froides. De nombreux salariés ne se sentiront pas à leur place et pourront même démissionner. En revanche, des salariés intégrés, développant des relations informelles et établissant des contacts entre eux, se sentiront plus impliqués. Le sentiment d'appartenance sera plus fort et l'organisation plus performante.

Ainsi, le manager a un rôle prépondérant dans sa manière de gérer les salariés. Il doit créer un environnement favorable, permettant de faire perdurer cette cohésion, encore plus quand les salariés sont en télétravail. J'en profite pour te transmettre une étude sur l'impact des outils numériques et les relations professionnelles réalisée au sein de notre groupe. Comme tu le sais, nous utilisons Google Workspace (visioconférence, agenda partagé...) depuis que nous sommes en télétravail et nous voulions évaluer les impacts de ces outils.

L'utilisation des outils numériques chez Inform'Ethik			
Conséquences positives		Conséquences négatives	
Je suis plus autonome dans mon travail.	65 %	Je coopère moins avec mes collègues.	89 %
Les échanges sont plus rapides.	59 %	Je discute moins avec mes collègues.	69 %
Je suis plus flexible dans mon travail (horaires de travail, télétravail).	58 %	Je reçois trop d'informations au quotidien.	68 %
Je développe des compétences.	57 %	Le climat est plus conflictuel.	65 %

N'hésite pas si tu as d'autres questions.
Bien à toi,
Aïcha, DRH Inform'Ethik

 # vidéo
Télétravail et management à distance - 3,02 min
foucherconnect.fr/21rhc28

6 Identifiez les facteurs qui influencent la cohésion de groupe au sein d'une entreprise.

7 Soulignez dans le doc 3 les conséquences d'un climat social apaisé.

8 Surlignez dans le doc 3 les conséquences d'un climat social tendu.

9 Expliquez l'impact des outils numériques sur la cohésion des salariés.

10 Trouvez des actions que pourrait mettre en place un manager pour développer la cohésion au sein de son équipe.

2 Les conflits et leurs conséquences

« Iheb et Angela travaillent tous les deux au sein de la direction des systèmes d'information d'Inform'Ethik. Angela, responsable de la DSI, rentre dans le bureau d'Iheb, technicien systèmes et réseaux. Léon assiste à la scène.

DOC 4 Conflit au sein d'Inform'Ethik

Angela : Iheb, pourquoi as-tu envoyé un mail à notre client ? C'était à moi de le faire !
Iheb : Tu m'as dit de le faire lors de notre dernière réunion…
Angela : Jamais ! Je suis ta responsable et tu dois m'obéir, c'était à moi de faire ce mail !
Iheb : T'obéir ? Peux-tu me parler normalement ? Je suis surchargé de travail, tu me donnes toutes les tâches que tu dois faire et tu me cries dessus pour un mail. Je n'en peux plus Angela !
Angela : Ce n'est pas mon affaire, tes missions doivent être faites !
Iheb : Il y a un minimum de principes à respecter, tu es ma responsable, mais nous sommes une équipe, tu ne me parles pas ainsi ! Et si c'est comme ça, je pars d'ici !

DOC 5 Les types de conflits

Conflit de pouvoir
- Un individu va abuser de son statut pour prendre le dessus sur les autres.

Conflit d'intérêt
- Les individus ont des objectifs et des intérêts différents.

Conflit d'identité
- Les individus ont des personnalités et des façons d'être différentes.

Conflit d'idéologie
- Les valeurs et les croyances des individus s'opposent.

© Foucher

DOC 6 Les formes de conflits

Conflit fermé ou latent
- Le conflit existe mais n'est pas exprimé clairement, les individus font preuve de ressentiment.

Conflit ouvert
- Le conflit est exprimé et les individus reconnaissent le conflit. Il peut être exprimé de manière violente et agressive.

Conflit interpersonnel
- Opposition entre deux ou plusieurs individus.

Conflit social
- Opposition entre deux ou plusieurs groupes sociaux.

© Foucher

DOC 7 Les principales sources de conflits au sein des organisations

Il existe quatre principales sources de conflits :
- la **communication** : communication négative, absence de communication, etc. ;
- l'**organisation du travail** : mauvaise répartition des tâches, surcharge de travail, absence de consignes, etc. ;
- la **tentative d'influence exagérée** : quand un salarié va abuser de son pouvoir pour tenter de dominer les autres ;
- les **intérêts personnels** : peut intervenir quand un individu tente de garder ses avantages acquis (bureau, horaires, etc.).

© Foucher

1 Identifiez les formes du conflit entre Iheb et Angela.

....

2 Retrouvez le type de conflit qui oppose les deux salariés.

....

....

3 Relevez les sources à l'origine de ce conflit.

....

....

DOC 8 Les principales attitudes face au conflit

Démission : l'individu renonce à trouver une solution.

Collaboration : grâce aux échanges, le conflit aboutit à une solution favorable pour tous.

Manipulation : le salarié tente de séduire ou de culpabiliser l'autre partie pour atteindre son objectif.

Confrontation : le salarié cherche, de manière agressive, à imposer son objectif.

Fuite : le salarié n'ose pas dire ce qu'il souhaite afin d'éviter le conflit à tout prix.

 # vidéo
Conflit dans l'équipe : que faire ? - 1,40 min
foucherconnect.fr/21rhc29

© Foucher

4 Identifiez l'attitude adoptée par Angela lors de son conflit l'opposant à Iheb.

....

....

5 Retrouvez l'attitude qui aurait permis d'apaiser les relations entre Angela et Iheb.

....

....

RHC NEWS

85 % des salariés estiment être confrontés régulièrement à des conflits dans le cadre de leur travail.

DOC 9 Les conséquences du conflit

Extrait de l'interview de Imany Zidane, *Happiness Manager*, pour le compte du journal *Bien-être & RH*

Les conflits en entreprise se sont-ils réduits avec l'usage du télétravail dû à l'épidémie du Covid-19 ?
Avec l'épidémie de Covid-19, les situations conflictuelles se sont multipliées au sein des entreprises à cause notamment de l'usage des outils numériques. Pourtant, beaucoup de managers négligent encore leurs conséquences ! Stress, troubles du sommeil, absentéisme, démissions, baisse de la productivité, etc. Les conflits polluent le quotidien de nombreux salariés.

Ces conflits impactent-ils uniquement les salariés ?
Ceux qui pensent que seuls les salariés subissent les effets des conflits se trompent ! Les démissions des salariés entraînent des coûts de recrutement et de formation non négligeables. Lors d'un conflit collectif, l'image de l'entreprise est également impactée. Les conflits individuels sont rarement des cas isolés et peuvent toucher toute l'entreprise. Récemment, dans une grande entreprise française, un conflit interpersonnel s'est transformé en conflit collectif. Plusieurs dizaines de salariés étaient concernées. La cohésion entre les salariés et la direction en a souffert. La grève qui a suivi a duré plusieurs jours. L'entreprise a dû fermer pendant ce laps de temps. À la suite de cet événement, le turnover de l'organisation a beaucoup augmenté et son image auprès des jeunes a été lourdement touchée !

© Foucher

6 Précisez les conséquences possibles des conflits pour Inform'Ethik et les salariés.

Conséquences pour l'entreprise : ....

....

Conséquences pour les salariés : ....

....

3 Le dépassement des conflits

À la suite de cette altercation, Léon décide de convoquer Angela et Iheb dans son bureau le lendemain. Il consulte, en parallèle, une brochure sur le dépassement de conflit en entreprise.

DOC 10 Les modes de dépassement de conflits

- **Médiation** : une personne extérieure et neutre au conflit va discuter avec les parties afin de les aider à trouver un compromis et une solution commune.
- **Négociation** : les deux parties vont discuter ensemble afin de rechercher des solutions. Ce terrain d'entente est coopératif quand il convient aux deux parties et ne fait pas intervenir une tierce personne.
- **Recours hiérarchique** : un supérieur hiérarchique aux deux parties va trancher rapidement en imposant une décision. Ce mode peut entraîner l'apparition d'un nouveau conflit ultérieur.
- **Arbitrage** : les parties (ou le tribunal arbitral) désignent un arbitre, privé et rémunéré, qui sera chargé de régler le litige. Les parties ont décidé, en amont, de se soumettre à la décision de l'arbitre.

© Foucher

DOC 11 Résolution du conflit chez Inform'Ethik

Léon : Que s'est-il passé hier ? Je n'ai pas compris ces cris dans nos locaux.
Angela : Rien du tout Léon, on discutait juste du travail.
Iheb : J'exprimais ma colère sur la mauvaise répartition des tâches de notre binôme, je fais toutes les tâches opérationnelles et je n'en peux vraiment plus.
Léon : Angela, as-tu des tâches que tu peux récupérer pour alléger la charge de travail d'Iheb ?
Angela *(gênée)* : Peut-être le reporting de la semaine, mais avec l'élaboration du plan de stratégie, mes journées sont déjà très chargées !
Léon *(hésitant)* : Avez-vous déjà pensé à recruter un stagiaire pour vous aider à faire des tâches ?
Angela : Je n'y avais jamais pensé… Qu'en penses-tu Iheb ?
Iheb : C'est une très bonne idée, j'ai toujours voulu aider un stagiaire à monter en compétences !
Léon : Alors je vais appeler les RH pour qu'ils vous préparent ce recrutement, ça vous aidera à être plus tranquilles et à envisager une autre organisation de travail.

 # vidéo
Comment réussir une médiation ? - 3,17 min
foucherconnect.fr/21rhc30

1 Identifiez le mode de dépassement de conflit dans cette situation.

....

....

DOC 12 Du dépassement de conflit à la performance

De plus en plus d'organisations investissent dans des formations de gestion de conflits. En effet, un conflit bien géré, notamment lors d'une médiation ou d'un recours hiérarchique bienveillant, peut s'avérer être très favorable pour les salariés et l'organisation. La confrontation permet de clarifier les dysfonctionnements et de repartir sur des bases plus saines : résolution de problèmes, créativité, nouvelle répartition de travail, objectifs plus clairs, etc. L'échange sincère et transparent entre les protagonistes du conflit tendra à développer la cohésion du groupe et à améliorer les relations entre les employés. Les échanges en seront apaisés et le climat social amélioré. Les salariés se sentiront écoutés et plus motivés. Cela aboutira à la réduction de l'absentéisme et des risques psychosociaux. Quant à l'organisation, elle donnera l'image d'une entreprise qui écoute ses salariés.

© Foucher

2 Identifiez les conséquences positives pouvant découler d'un dépassement de conflit.

Conséquences pour l'entreprise : ....

....

Conséquences pour les salariés : ....

....

3 MIN POUR RETENIR

EN AUDIO · EN VIDÉO · À L'ÉCRIT

foucherconnect.fr/21rhc31

1 Les relations professionnelles et le climat social

Facteurs d'influence sur les relations professionnelles
- Conditions de travail
- Style de direction
- Communication interne
- Ambiance de travail

Conséquences de relations professionnelles dégradées
- Absentéisme
- Démissions
- Conflit social
- Climat social dégradé

2 Les conflits et leurs conséquences

Sources
- La communication
- L'organisation du travail
- La préservation du territoire
- Les intérêts personnels

Types
- de pouvoir
- d'intérêts
- d'identité
- d'idéologie

Attitudes
- La confrontation
- La démisssion
- La fuite
- La manipulation
- La collaboration

Conséquences
- Coûts
- Grève
- Turnover
- Stress
- Absentéisme
- Démission
- Baisse de la productivité

3 Le dépassement des conflits

Modes de dépassement du conflit
- Médiation
- Négociation
- Recours hiérarchique
- Arbitrage

Conséquences
- Meilleure image de marque
- Baisse de l'absentéisme
- Augmentation de la motivation
- Meilleure performance

Entraînez-vous !

3 minutes pour s'évaluer

foucherconnect.fr/21rhc32

MOTS MÊLÉS

Retrouvez dans la grille les mots correspondants aux définitions suivantes.

X	I	D	E	N	T	I	T	E	V	I	V	U	X	P
C	Y	C	F	L	X	E	D	L	V	R	B	L	Z	N
C	Q	M	E	D	I	A	T	I	O	N	N	R	X	O
U	P	O	U	V	O	I	R	D	G	R	C	D	J	I
O	Y	S	N	X	F	B	A	S	R	R	C	X	L	T
M	P	T	W	E	Z	J	C	G	E	L	O	Q	Z	A
Z	W	Q	X	S	G	G	W	F	T	X	N	Y	C	L
O	X	K	P	F	Y	O	O	P	I	U	F	B	W	U
U	T	T	R	J	W	A	C	B	U	T	L	L	G	P
L	F	S	Y	K	R	J	T	I	F	T	I	S	Y	I
V	H	S	S	Z	W	O	S	E	A	L	T	I	K	N
V	M	L	T	M	D	W	T	B	K	T	S	D	N	A
J	D	G	F	I	C	L	O	B	L	P	I	C	S	M
F	I	C	U	N	F	C	N	F	Y	M	Q	O	J	A
L	V	H	F	C	O	Z	C	S	A	H	I	U	N	V

1 Opposition, parfois violente, de pouvoirs, d'intérêts, d'identités, d'idéologies entre deux ou plusieurs salariés.

2 Règlement d'un conflit *via* une personne extérieure et par la discussion.

3 Type de conflit opposant deux individus aux personnalités différentes.

4 Type de conflit opposant un salarié qui va jouer de son statut pour prendre le dessus sur l'autre.

5 Réaction où l'on n'ose pas dire ce qu'on souhaite afin d'éviter le conflit à tout prix.

6 Situation où un salarié va tenter face à un autre salarié d'atteindre son objectif, notamment grâce à la séduction.

7 Discussion entre deux salariés afin de trouver des solutions pour mettre fin au conflit.

Exercice 1 Résoudre une situation conflictuelle

Au sein de l'association Porter sa voix, une discussion a lieu entre deux salariés sur une plateforme en ligne lors de l'assemblée générale ordinaire réalisée en visioconférence.

Elsa : Pourquoi veux-tu changer les statuts de l'association ?
Marie : Nous ne sommes pas rentrés dans cette association pour les mêmes raisons Elsa, j'ai envie de grandir et de faire grandir cette association avec moi !
Elsa : Mais nous sommes une petite association de quartier et on a peu de bénévoles, on fonce dans le mur en changeant la stratégie de notre association.
Marie : J'en ai marre de voir petit, je veux qu'on développe notre association.
Elsa : Oui, mais tu ne peux pas tout revoir et proposer de changer les valeurs de l'association.
Marie : Je n'y adhère pas…
Elsa : Certes, mais nous, on y est attachés et, si tu n'es pas contente, tu peux offrir ton temps ailleurs !
Marie : De toute façon, c'est toujours pareil avec vous, on ne peut rien dire !
Marie se déconnecte de la discussion.

Questions

1. Analysez la forme de conflit qui oppose Marie et Elsa.
2. Qualifiez les types de conflits présentés au sein de l'association Porter sa voix.
3. Proposez des modes de résolution de conflits.
4. Expliquez en quoi le cadre de la réunion a pu favoriser le conflit entre les deux acteurs.

Exercice 2 Identifier un conflit collectif

Le conflit s'enlise et les portes de la clinique du Parc restent closes. L'établissement privé de santé, installé rue Paul Bellamy à Nantes, est paralysé depuis quatre semaines par un conflit social. La majorité du personnel (50 salariés) mène une grève afin d'obtenir une revalorisation des salaires et de « meilleures conditions de travail ». Les négociations n'aboutissant pas, la clinique, spécialisée en psychiatrie, a dû, chose exceptionnelle, être vidée de ses patients il y a quinze jours. Ces derniers ont été renvoyés chez eux ou transférés vers d'autres établissements.
« Notre revendication principale porte sur 100 euros nets de revalorisation salariale. Les propositions de la direction sont diluées dans des primes ou avantages que tous les salariés ne percevront pas. Ce n'est pas satisfaisant », regrette Fanny, l'une des porte-parole des grévistes.

Une reprise de dialogue à Paris
« Une négociation, c'est lorsque les deux parties font un pas vers l'autre. Depuis le début du conflit, on a franchement l'impression que les grévistes campent sur leurs positions sans faire aucune proposition réelle et sérieuse », déplorait la directrice de l'établissement, Véronique Bertin, en fin de semaine dernière. Pour tenter de trouver une issue, une médiation, animée par un médiateur indépendant, se déroulera ce mardi à Paris.
« Ça peut être une bonne chose car le dialogue est rompu, commente Fanny. Les grévistes veulent avancer. On veut retrouver une vie normale. On veut aussi que les patients puissent revenir. »

Frédéric Brenon, 12 octobre 2020, www.20minutes.fr

Questions

1. Analysez les formes du conflit vécu dans la clinique du Parc.
2. Retrouvez les sources du conflit qui oppose les salariés et la direction.
3. Identifiez la solution mise en place pour résoudre le conflit.

Exercice 3 Résoudre les conflits pendant le télétravail

La crise du coronavirus bouscule notre manière de travailler. Cette nouvelle organisation improvisée est également un terreau fertile pour les tensions au sein des équipes. […]
Avec la crise du coronavirus, les travailleurs ont basculé à 100 % en télétravail, souvent sans la moindre préparation.
Résultat : le niveau d'anxiété et de mal-être progresse. Une étude réalisée auprès de 2 000 salariés, entre le 31 mars et le 8 avril, montre que 44 % des personnes interrogées vivent vraiment mal la période et se trouvent actuellement en état de détresse psychologique. Les conséquences de la crise sur l'entente et les conflits au travail, c'est aussi une réalité. Les tensions avec les collègues ont été multipliées par deux. Pourquoi ce mal-être ? La communication est plus tendue et la désorganisation du travail du jour au lendemain entraîne des malentendus. Il est compliqué de fonctionner à distance : il y a beaucoup de conflits qu'on ne dit pas, parce qu'on a peu de moments informels, on perçoit les informations de manière différente, on a peur de retourner au travail, la collaboration avec les collègues est difficile. À cela s'ajoutent désormais : la gestion des enfants, les bugs techniques, l'anxiété due à la situation et l'isolement par rapport à ses collègues. Tout cela peut mener à des conflits professionnels. D'où la nécessité d'en parler, pour essayer de désamorcer ces situations et peut-être aussi pour déculpabiliser.
[…] Certains managers ont peur que le personnel ne travaille pas et développent des tâches inutiles pour pouvoir contrôler leurs collègues et s'assurer qu'ils travaillent. Cela donne un sentiment de manque de confiance que le télétravailleur vit très mal.
[…] Beaucoup se rendent compte aujourd'hui de l'importance du relationnel, de ces moments informels, autour d'un café, dans l'ascenseur…, qui solutionnaient plus de 30 % des petits conflits et frustrations professionnelles. Il faut donc déminer le terrain dès maintenant, c'est-à-dire : recréer de l'informel à distance, organiser des entretiens de fonctionnement, ensemble, de préférence au téléphone et pas en visioconférence, pour préparer l'avenir. […] Recréer du lien par des apéros zoom et des jeux d'entreprise, par des moments ludiques et sympathiques. […]
Il vaut donc mieux un simple coup de téléphone pour prendre des nouvelles ou exprimer quelque chose de difficile. Il s'agit d'être factuel et authentique, car c'est ainsi que les choses peuvent se désamorcer et permettre un retour au travail apaisé. On pourra ainsi bientôt retrouver le plaisir d'être avec ses collègues au travail.

15 mai 2020, www.rtbf.be

Questions

1. Expliquez l'impact que peut avoir le télétravail sur les relations professionnelles d'une entreprise.
2. Déterminez des actions à mettre en place afin de pacifier ces relations.

Entraînez-vous !

Exercice 4 Connaître les nouvelles sources de conflits au travail

Changement d'usages, d'outils, de croyances… La transformation du monde du travail fournit bien des nouvelles occasions de se quereller. Enquête.

Les désaccords font partie du quotidien de l'entreprise. Selon la Dares, 23,1 % des salariés français vivent des situations de tensions dans leurs rapports avec leurs collègues et 27,1 % avec leurs supérieurs hiérarchiques. […] Chaque transformation de l'entreprise est susceptible de créer de nouvelles oppositions entre les salariés, souligne Christian Thuderoz, sociologue des organisations. « Dans l'entreprise, tout changement technique, toute action managériale, toute décision de gestion ou d'organisation, a des conséquences sur les relations entre les personnes et génère inévitablement des différends. » Panorama de ces nouvelles sources de tension.

[…] La transformation numérique des entreprises génère elle aussi son lot de problèmes. « J'ai vu des clans se former entre partisans et opposants à la mise en place d'un nouvel outil », témoigne Hanane Blanco, ex-DRH et fondatrice de HowEasy. Elle raconte ainsi les querelles au sein d'un service comptable lors de l'adoption d'un logiciel automatisant certaines opérations de saisie. Certains y voyaient le moyen de se débarrasser de tâches fastidieuses tandis que d'autres craignaient une remise en cause de leur travail. Conflit. Même écueil lorsque les nouveaux modes de communication transforment le contenu d'un métier. « Un gestionnaire de dossier chez un assureur, c'est d'abord un technicien, illustre Henri Sendros-Mila, médiateur et président de la chambre professionnelle de la médiation. Mais, aujourd'hui, il doit aussi interagir avec le client *via* un logiciel de tchat, par exemple. Résultat, un professionnel expérimenté peut se retrouver dépassé par un autre moins bon techniquement mais qui maîtrise mieux les canaux de communication. » Re-conflit potentiel.

[…] L'essor du freelancing suscite aussi son lot de malentendus. « Cohabitent dans les entreprises de plus en plus de catégories de collaborateurs qui ont des modes de rémunération variés et des liens contractuels différents, parfois pour le même travail », explique Laetitia Vitaud, conférencière, spécialiste de l'avenir du travail. Le hic ? La mixité des équipes génère parfois un sentiment d'injustice. […] D'un côté les travailleurs indépendants, dépourvus des avantages y compris symboliques de leurs collègues en CDI (pas d'adresse e-mail de l'entreprise, pas d'accès à la cantine), se sentent relégués au rang de travailleurs de seconde zone. De l'autre, les salariés en poste se méfient des travailleurs indépendants qu'ils estiment parfois grassement rémunérés alors qu'ils ne passent qu'une journée de travail sur place.

[…] Enfin, l'entreprise n'échappe pas aux grands débats sociétaux. La récente médiatisation des questions de violences sexuelles a contribué à libérer la parole sur le sujet dans l'univers professionnel. Mais ça ne plaît pas forcément à tout le monde. « La volonté de lutter contre les comportements sexistes se heurte à des pratiques ancrées depuis de nombreuses années, ce qui génère des phénomènes de rejet », analyse Christophe Nguyen, psychologue du travail. L'écologie devient également une source de division. La simple suppression des gobelets en plastique fait parfois grincer des dents : qui s'occupe de laver les tasses alors que cette tâche ne figure sur aucune fiche de poste ? « Nous sommes sollicités presque tous les jours par des salariés qui veulent aller plus loin dans leur démarche écologique et font face à des blocages », témoigne Pauline Debrabandere, de l'association Zero Waste France. […] Des frictions peuvent aussi naître avec les managers, pas toujours exemplaires sur le plan écologique. Mais, notamment grâce aux réseaux sociaux, les débats peuvent parfois sortir de l'enceinte de l'entreprise. Certains salariés n'hésitent plus à prendre publiquement position sur la politique de leur employeur. Aux États-Unis, 4 travailleurs sur 10 se considèrent ainsi comme des salariés militants, selon une récente étude menée par KRC Research. Quelque 8 000 collaborateurs d'Amazon ont ainsi signé une lettre ouverte incitant leurs dirigeants à adopter des mesures en faveur de l'environnement. Les nouvelles formes de conflit font parfois avancer les choses…

Marion Perrier, Capital du 13 janvier 2020 – © Prisma Media

Questions

1. Identifiez les nouvelles sources de conflits au travail.
2. Expliquez pourquoi la transformation numérique au sein d'une organisation peut être source de tensions.
3. Proposez des solutions à un manager afin de gérer ces sources potentielles de conflit.

Le déclic

Analysez bien les consignes pour répondre au travail demandé.

> Avec un document de cette taille, soulignez bien les éléments que vous jugerez importants pour traiter le questionnement.

10 Le dialogue social

DÉCOUVRIR EN VIDÉO
Michelin réinvente le dialogue social - 4,08 min
foucherconnect.fr/21rhc19

Rool fait face à une dégradation de son climat social

Rool est une entreprise marseillaise spécialisée dans la fabrication de vélos et d'équipement cycliste. Elle compte 324 salariés, dont Kenza et Donovan qui s'interrogent sur leur avenir. Depuis quelques mois, les ventes ne sont pas bonnes et le dirigeant, Monsieur Bossin, envisage des licenciements. Les salariés ont déjà consenti à une baisse de salaire ces trois derniers mois et à une modification de leurs horaires de travail.

> **Quelle est la conséquence du conflit entre les salariés de l'entreprise et la direction ?**

....

....

> **Comment qualifier le climat social de cette entreprise ?**

....

....

Passerelles

- 1re Droit – Hiérarchie des normes
  - Conventions et accords collectifs
  - Partenaires sociaux

CAPACITÉS ✖ Identifier le rôle et les acteurs du dialogue social ✖ Distinguer les domaines de la négociation collective et apprécier leurs enjeux ✖ Évaluer la pertinence des indicateurs du bilan social et interpréter les données économiques et sociales qu'il contient

Notions

Dialogue social : acteurs, formes, contenus + éléments et indicateurs de dialogue social : bases de données économiques et sociales, bilan social + négociation collective

1 Les acteurs et les objectifs du dialogue social

> Donovan craint que la journée de mobilisation ne renforce les problèmes au sein de l'organisation. Chérif, délégué syndical, et Eddy, un représentant du personnel, lui expliquent alors les objectifs de la grève du 17 décembre.

1 Reliez chaque partie prenante interne de l'entreprise à son objectif.

Kenza et Donavan, salariés •	• Faire le lien entre la direction et les salariés.
M. Bossin, dirigeant •	• Défendre les intérêts des salariés.
Chérif, délégué syndical •	• Avoir un emploi stable et une rémunération correcte.
Eddy, représentant du personnel •	• Assurer la pérennité de l'entreprise et réaliser du profit.

2 Montrez que certains de ces objectifs peuvent entrer en contradiction.

DOC 1 Le dialogue social en France

Le préambule de la Constitution de 1946 précise que « tout travailleur participe, par l'intermédiaire de ses délégués, à la détermination collective des conditions de travail ainsi qu'à la gestion des entreprises ». L'idée étant de définir un socle législatif commun (le Code du travail), mais de laisser les acteurs professionnels négocier les modalités d'application du droit à l'intérieur de chaque profession. À ce titre, le droit du travail est qualifié de **droit négocié** et vise à favoriser le **dialogue social entre les différents partenaires**.

 # vidéo
Comprendre le dialogue social - 2,26 min
foucherconnect.fr/21rhc20

© Foucher

3 Proposez une définition du dialogue social.

4 Citez les principaux partenaires sociaux acteurs du dialogue social en France que vous connaissez.

5 Présentez les principaux objectifs du dialogue social.

RHC NEWS

En France, le congé de formation économique sociale et syndicale permet à tout salarié de participer à des stages ou à des formations pour se préparer à l'exercice de fonctions syndicales. Pendant ce congé, le salarié bénéficie du maintien de sa rémunération.

DOC 2 Tract de mobilisation pour la journée du 17 décembre

ROOL - SITE DE MARSEILLE

FÉDÉRATION NATIONALE DE L'INDUSTRIE CYCLISTE

ROOL

APPEL À LA MOBILISATION LE 17 DÉCEMBRE

À la suite des dernières annonces faites par la direction, MOBILISONS-NOUS pour faire entendre notre voix :

Licenciements – Salaires trop faibles – Conditions de travail précaires

NOUS EXIGEONS DES DÉCISIONS NÉGOCIÉES ET CONCERTÉES AVEC L'ENSEMBLE DES SALARIÉS !

TOUS ENSEMBLE POUR SAUVER NOTRE ENTREPRISE !

6 Soulignez, dans le doc 2, l'organisation qui a émis ce document.

7 Identifiez la principale revendication portée par les salariés.

DOC 3 Le comité social et économique dans l'entreprise

Le comité social et économique (CSE) est l'instance de représentation du personnel dans l'entreprise. Le CSE doit être mis en place dans les entreprises de plus de onze salariés. Les membres du CSE sont élus par les salariés de l'entreprise pour une durée maximale de quatre ans. La délégation du personnel au CSE a pour mission de présenter à l'employeur les réclamations relatives aux salaires, à l'application du Code du travail, aux conventions et aux accords applicables.
Ses compétences, sa composition et son fonctionnement varient selon la taille de l'entreprise. Dans les entreprises de plus de cinquante salariés, son rôle est primordial. Il doit être consulté par l'employeur avant toute prise de décision, notamment en ce qui concerne la gestion économique et financière de l'entreprise, l'organisation du travail ou la formation professionnelle. Il dispose également de prérogatives en matière de santé et de sécurité au travail et procède à l'analyse des risques professionnels auxquels sont soumis les travailleurs. Enfin, il participe à la gestion des activités sociales et culturelles établies dans l'entreprise (cantine, crèches, prévoyance, activités sportives, etc.).

© Foucher

 # vidéo
Le comité social économique - 3,28 min
foucherconnect.fr/21rhc21

8 Indiquez comment sont choisis les membres du CSE.

9 Repérez les principales missions du CSE.

10 Expliquez en quoi le CSE est un organe clé du dialogue social dans l'entreprise.

11 Montrez que le CSE permet de renforcer la cohésion de l'organisation.

2 Les outils RH au service du dialogue social

> À la suite de la journée de manifestation, les tensions dans l'entreprise ne semblent pas s'être apaisées. Monsieur Bossin organise la prochaine réunion mensuelle du CSE et convoque les membres titulaires concernés.

DOC 4 Convocation au CSE

De : bossin.direction@rool.fr
À : CSE Rool
Objet : convocation CSE janvier

Madame, Monsieur,

J'ai l'honneur de vous inviter et vous prie d'assister à la prochaine séance du comité social et économique de l'entreprise Rool qui se tiendra le :

Vendredi 11 janvier à 14 h en salle principale

L'ordre du jour fixé est le suivant :
1. Approbation du procès-verbal de la réunion de décembre
2. Situation économique et sociale (bilan social)
3. Présentation des axes stratégiques
4. Questions diverses

Vous trouverez le bilan social de l'année écoulée sur l'Intranet.

Bien cordialement,

M. Bossin

1 Relevez les informations principales contenues dans le mail envoyé aux représentants du CSE.

DOC 5 Les obligations en matière d'information et de consultation du CSE

Les consultations obligatoires exceptionnelles : l'employeur, avant de prendre une décision sur certains sujets (structure des effectifs, durée du travail, formation professionnelle, nouvelles technologies, etc.), doit informer et consulter le CSE. Celui-ci doit alors rendre un avis, que l'employeur décidera de suivre ou non.
Les consultations obligatoires ordinaires : l'employeur doit transmettre, avant toute prise de décision, tous les éléments nécessaires à l'étude du sujet. Le CSE doit ensuite émettre un avis motivé et peut poser des questions s'il souhaite éclaircir certains points. Les trois principaux domaines concernés sont l'orientation stratégique de l'entreprise, la situation économique et financière, et la politique sociale.

© Foucher

2 Précisez si la séance du 11 janvier relève d'une consultation obligatoire exceptionnelle ou ordinaire.

3 Identifiez les outils utilisés par l'employeur pour permettre le dialogue social dans l'entreprise.

4 Expliquez comment un réseau Intranet peut contribuer à favoriser le dialogue social.

“ Conformément aux obligations légales, les élus ont reçu les données sociales récoltées par les services RH de l'entreprise. Ils en prennent connaissance pour préparer la réunion du CSE.

DOC 6 La base de données économiques et sociales (BDES) et le bilan social

BDES : l'employeur d'au moins cinquante salariés doit mettre à disposition du comité économique et social (CSE) ou des représentants du personnel une base de données économiques et sociales (BDES). Elle rassemble les informations sur les grandes orientations économiques, financières et sociales de l'entreprise.
Bilan social : obligatoire dans les entreprises de plus de trois cents salariés, le bilan social récapitule en un document unique les principales données chiffrées permettant d'apprécier la situation de l'entreprise dans le domaine social, et de mesurer les changements survenus au cours de l'année écoulée et des deux années précédentes. Le bilan social comporte des informations sur l'emploi, les rémunérations, les conditions de santé et de sécurité, la formation ou encore les relations professionnelles.

www.service-public.fr – © DILA

DOC 7 Extrait du bilan social de l'entreprise Rool

	N – 2	N – 1	N
EMPLOI			
Effectif	307	312	324
Taux de turnover	2,4 %	5,2 %	11 %
RÉMUNÉRATION			
Salaire brut mensuel moyen en € (ouvriers)	1 790	1 798	1 760
Salaire brut mensuel moyen en € (employés)	1 676	1 687	1 690
Salaire brut mensuel moyen en € (cadres)	2 624	2 734	2 822
SANTÉ ET SÉCURITÉ			
Nombre d'accidents du travail	1	3	1
RELATIONS PROFESSIONNELLES			
Nombre de préavis de grève déposés	0	1	5

5 Expliquez la différence de travail entre les trois catégories de salariés (ouvriers, employés, cadres).

....

6 Rappelez la définition du turnover.

....

7 Commentez l'évolution du turnover dans l'entreprise Rool.

....

8 Calculez le taux d'évolution de l'effectif entre N – 2 et N.

....

9 Qualifiez l'évolution des salaires entre N – 2 et N.

....

10 Caractérisez l'évolution du climat social chez Rool sur les trois dernières années, grâce à ces données.

....

3 La négociation collective

« Face à la dégradation du climat social et aux difficultés économiques auxquelles l'entreprise fait face, Monsieur Bossin et son directeur des ressources humaines décident d'ouvrir le dialogue social. Ils entament une démarche de négociation collective.

DOC 8 La négociation collective au cœur du dialogue social

La négociation collective est une forme du dialogue social qui permet d'adapter les règles du Code du travail aux spécificités et aux besoins de l'entreprise. L'accord d'entreprise ne peut être moins favorable au salarié que ce que prévoit la loi. Certains types d'accords (durée du travail, rémunération, mobilité interne…) peuvent aussi s'imposer au salarié et entraîner *de facto* une modification du contrat de travail, pour garantir la performance de l'entreprise.

 # vidéo
La négociation collective - 1,48 min
foucherconnect.fr/21rhc22

Négociation obligatoire tous les 4 ans minimum

Employeur + organisation syndicale représentative* négocient sur :

- la rémunération et les conditions de travail
- l'égalité professionnelle femme-homme
- le partage de la valeur ajoutée
- les emplois et les parcours professionnels

* Dans le cas où aucun syndicat représentatif n'est présent, la négociation se fait avec le CSE et doit être approuvée par les salariés.

© Foucher

1 Expliquez pourquoi la négociation collective est une forme du dialogue social.

DOC 9 Extrait du communiqué publié par la FNIC Rool Marseille

Un accord a été ratifié cette semaine entre la direction et la FNIC Rool Marseille.
[…] Cet accord prévoit une augmentation nette de nos salaires de 3 % pour les ouvriers et les employés. Il est également prévu un renforcement de nos équipes, et des horaires aménagés pour ceux d'entre nous ayant du mal à concilier vie personnelle et professionnelle. La direction est « satisfaite des échanges » et espère « que cet accord contribuera à renforcer la cohésion et à améliorer la performance globale de l'entreprise ». Nous tenons à saluer « le sens du dialogue de la direction » […].

2 Identifiez les acteurs de la négociation collective au sein de l'entreprise Rool.

3 Surlignez les principaux accords ratifiés lors de cette négociation.

4 Présentez les effets attendus par la direction d'un tel accord.

5 Expliquez en quoi le dialogue social permet de renforcer la performance d'une organisation.

3 MIN POUR RETENIR

EN AUDIO – EN VIDÉO – À L'ÉCRIT

foucherconnect.fr/21rhc23

1 Les acteurs et les objectifs du dialogue social

Le CSE élu par les salariés + **L'employeur** → **Dialogue social**

- Obligation juridique
- Met en relation les partenaires sociaux
- Permet de trouver des accords sur l'emploi
- Favorise la cohésion

2 Les outils RH au service du dialogue social

Le dialogue social s'appuie sur des outils

- **Outils de communication numérique**
  - Intranet
  - Messagerie électronique
  - Système d'information RH
- **Outils de gestion de données numériques**
  - Bilan social
  - Base de données économiques et sociales
  - Tableurs

3 La négociation collective

Négociation collective obligatoire tous les 4 ans minimum
Cohésion sociale et performance

- Rémunération et conditions de travail
- Égalité professionnelle femmes-hommes
- Partage de la valeur ajoutée
- Emplois et parcours professionnels

Entraînez-vous !

3 minutes pour s'évaluer

foucherconnect.fr/21rhc24

MOTS CROISÉS

Complétez la grille.

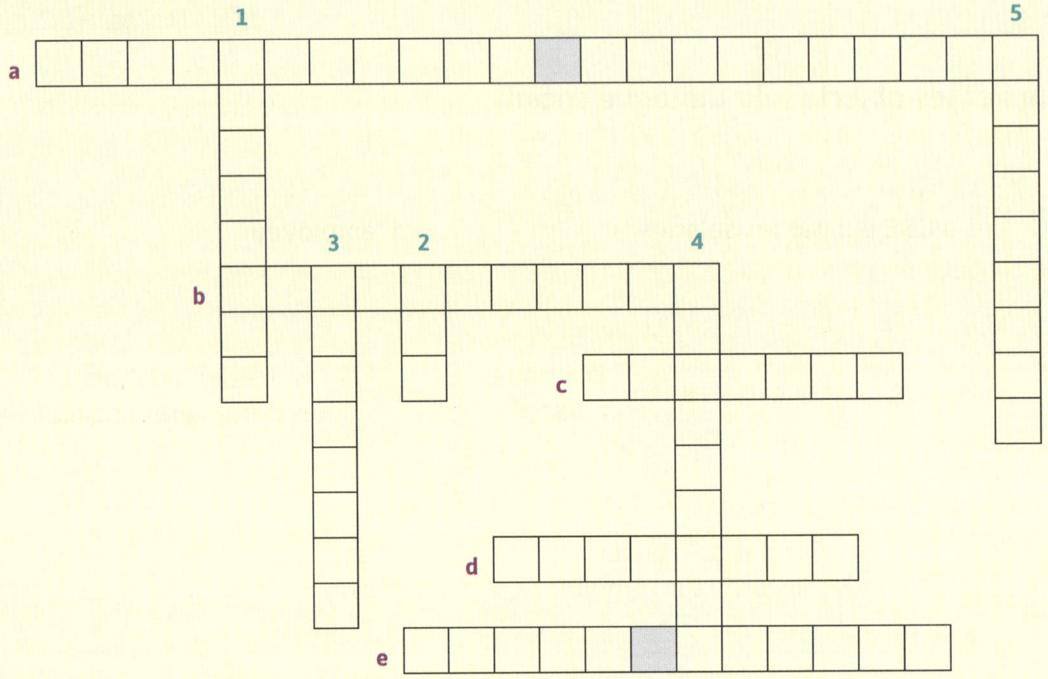

Verticalement

1 Elle est indispensable à la performance de l'organisation.

2 Instance de représentation du personnel dans l'entreprise.

3 Il permet de réunir les différents acteurs de l'organisation afin de trouver des compromis.

4 Leur mission est de défendre l'intérêt des salariés.

5 Il préside le CSE et négocie avec les représentants des salariés.

Horizontalement

a Obligatoire, elle vise à conclure des accords d'entreprise.

b Ils permettent de mesurer la performance sociale d'une organisation.

c Il nuit à la performance de l'entreprise.

d Réseau informatique interne mis en place au sein d'une organisation.

e Document qui permet d'apprécier la situation sociale d'une entreprise.

Exercice 1 Expliquer l'inquiétude des syndicats de la SOVAB

Les syndicats de la SOVAB, à Batilly, ont occupé des ronds-points, distribué des tracts et fait signer une pétition réclamant le retour du dialogue social au sein de l'usine. Action menée quelques heures avant un CSE central évoquant le plan d'économie de 2 milliards prévu par Renault.

Dès l'aube ce mardi, et régulièrement au long de la journée, la CFDT, la CGT et Sud Automobile ont occupé des ronds-points autour de l'usine SOVAB de Batilly (Meurthe-et-Moselle) d'où sortent chaque jour un peu plus de 700 Renault « Master ».

Sur les tracts distribués, et la pétition qu'ils ont fait signer, la demande d'un meilleur dialogue social. [...] « *Bloquer un rond-point, ce n'est valorisant ni pour la direction, ni pour la direction*, explique Dominique Leclaire, secrétaire général Sud Automobile, au micro de France Bleu Lorraine. *On est pour le dialogue. Aujourd'hui, il n'y en a plus. Le seul moyen qu'on a, c'est le blocage.* »

Contactée, la direction explique que le dialogue n'a jamais été rompu. Que des rencontres ont lieu régulièrement, notamment lors de CSE. Le prochain est prévu ce mercredi midi. [...] Les syndicats craignent pour le maintien de l'emploi à Batilly, site qui a perdu 200 postes permanents en quatre ans. [...] La crise sanitaire a fait passer à 122 000 les prévisions de ventes de Renault « Master » cette année. Et les objectifs pour 2021 sont à peine plus ambitieux : 131 000 ventes espérées. À cela s'ajoute la fin programmée de la production pour Opel d'ici un an. En 2019, 148 000 véhicules avaient été produits à Batilly.

Radio France / France Bleu / Thomas Lavaud – 29.09.2020

Questions

1. Identifiez les acteurs qui s'opposent au sein de SOVAB.
2. Montrez l'existence d'intérêts convergents et divergents parmi ces acteurs.
3. Rappelez le rôle du CSE au sein d'une organisation.
4. Expliquez comment le CSE peut permettre de rétablir le dialogue social et d'apaiser le conflit.

Exercice 2 Comprendre le dispositif d'activité partielle de longue durée

L'activité partielle de longue durée (APLD) est entrée en vigueur en juillet dernier. La ministre du Travail, Élisabeth Borne, expliquait alors que le dispositif devait permettre aux entreprises touchées par la crise économique liée à la Covid-19 de « garder leurs salariés et leurs compétences pour être prêtes quand l'activité repartira ». Concrètement, l'APLD permet à l'entreprise de réduire le temps de travail de ses salariés pendant deux ans au maximum, l'État prenant en charge une partie de la rémunération. [...]

Pour en bénéficier, deux conditions : l'entreprise doit d'abord justifier d'une « réduction d'activité durable » liée au coronavirus. Un périmètre d'application très large, au vu de l'impact énorme de la crise sanitaire. Deuxième condition : l'APLD doit obligatoirement faire l'objet d'un accord avec les organisations syndicales. [...] Les entreprises qui signent un accord d'APLD sont tenues à des contreparties. Pendant toute la durée de l'accord, elles ne peuvent pas licencier les salariés concernés. Elles doivent également mettre en place un plan de formation professionnelle.

Nicolas Raffin / 20minutes / 24 septembre 2020

 # vidéo
L'activité partielle de longue durée - 1,00 min
foucherconnect.fr/21rhc25

Questions

1. Identifiez la raison qui a mené à la création du dispositif d'activité partielle de longue durée.
2. Expliquez en quoi la crise économique menace les salariés et les entreprises.
3. Analyser en quoi le dispositif d'APLD est une forme de dialogue social.
4. Montrez que le dialogue social permet de renforcer la cohésion dans l'organisation.

Le déclic

Analysez bien les consignes pour répondre au travail demandé.

> Pour montrer un fait, définissez les notions puis illustrez par l'exemple. Vous pouvez également utiliser le contre-exemple.

Exercice 3 Expliquer la mise en place d'un SIRH

Les systèmes d'information des ressources humaines (SIRH) font désormais la loi dans les collectivités territoriales. Aujourd'hui, ces dispositifs informatiques assurent aussi bien le suivi de carrière des agents, la gestion des temps, des congés de maladie que les recrutements, les mobilités ou les évaluations, tout en devant émettre inéluctablement les bulletins de salaire chaque fin de mois [...].

En plein déploiement d'un [SIRH], la communauté d'agglomération Concarneau Cornouaille dispose d'un service RH commun. Avec ses cinq entités adhérentes – la ville de Concarneau, son centre communal d'action sociale (CCAS), la ville de Trégunc et son CCAS et la commune de Névez –, elle gère un total de 1 000 agents. [...]

La communauté d'agglomération Concarneau Cornouaille a opté pour une simplification de sa gestion RH. « Rien que pour administrer les paies et les carrières, nous avions trois logiciels différents », remarque Lénaïc Robin, la DRH. Depuis le 1er janvier 2020, la collectivité dispose d'un seul logiciel de traitement des données [...].

Julie Krassovsky, 27 août 2020, www.lagazettedescommunes.com

Questions

1. Recherchez sur Internet le rôle d'un SIRH.
2. Identifiez les enjeux de l'utilisation d'un SIRH pour une organisation.
3. Repérez les différents indicateurs figurant dans un SIRH, puis classez-les en trois catégories d'indicateurs : financiers, sociodémographiques et de climat social.
4. Expliquez l'intérêt pour la communauté d'agglomération de Concarneau de mettre en place un SIRH.

Exercice 4 Analyser les indicateurs du dialogue social

BTI Transport est une entreprise spécialisée dans la distribution de produits alimentaires frais et biologiques. Fin 2020, elle emploie 369 personnes, principalement des chauffeurs routiers, des employés de bureau et des ouvriers travaillant à l'entrepôt de stockage.

doc
Bilan social de BTI Transport
foucherconnect.fr/21rhc26

DOC Données extraites des bilans sociaux de BTI Transport

	2018	2019	2020
EMPLOI			
Effectif	358	378	369
Taux de turnover	8,9 %	5,7 %	6,2 %
Nombre de salariés en CDI	298	301	323
Nombre de salariés en CDD	30	37	20
Nombre d'intérimaires	30	40	26
Taux de CDI			
SANTÉ ET SÉCURITÉ			
Nombre d'accidents du travail	4	6	3
Nombre de journées d'absence pour accident du travail	87	102	107
Nombre de journées d'absence pour maladie	1 602	1 654	1 432
Total d'heures d'absence			
Nombre d'heures théoriques travaillées			
Taux d'absentéisme			
FORMATION			
Pourcentage de la masse salariale consacré à la formation continue	3,4 %	6,5 %	8,9 %
Nombre de salariés ayant bénéficié d'un congé individuel de formation	0	1	3
Nombre de salariés auxquels il a été refusé un congé individuel de formation	3	0	0
RELATIONS PROFESSIONNELLES			
Taux de participation aux élections professionnelles (CSE)	44 %	54 %	62 %
Accords d'entreprise signés	0	0	2
Nombre d'heures consacrées aux différentes formes de réunions du personnel	39	44	52
Nombre de préavis de grève déposés	5	3	1

Objectifs sociaux de l'entreprise BTI Transport	
Taux de turnover	5 % maximum
Taux d'absentéisme	< 2 %
Taux de CDI	85 % minimum

Questions

Les calculs sont à réaliser à la main ou en automatisant les formules sur le fichier fourni.

1. Calculez le taux d'absentéisme pour 2018, 2019 et 2020 :
   a. Calculez le nombre d'heures d'absence en considérant qu'un salarié travaille 7 h/jour.
   b. Calculez le nombre d'heures théoriques travaillées sur une année en considérant qu'un salarié travaille 1 607 h/an.
   c. Calculez le taux d'absentéisme : Tx abs = (h d'absence / h théoriques) × 100.
2. Calculez le taux de CDI pour 2018, 2019 et 2020.
3. Analysez la performance sociale de l'entreprise au regard de ses objectifs.
4. Caractérisez la politique de formation de BTI Transport ces trois dernières années.
5. Commentez l'amélioration du climat social entre 2018 et 2020 à l'aide de données du tableau.
6. Montrez que le dialogue social dans l'entreprise permet de renforcer la cohésion et donc sa performance.

DÉCOUVRIR EN VIDÉO
Une agence de communication RH - 2,19 min
foucherconnect.fr/21rhc40

11 La communication RH

« Diigle développe une politique RH innovante et dynamique

La société Diigle est une entreprise située en région parisienne. Elle propose un moteur de recherche qui ne collecte pas les données personnelles pour les revendre et qui compense les émissions de gaz à effet de serre de chacune des requêtes en plantant des arbres. L'entreprise est reconnue pour ses pratiques novatrices en matière de gestion des ressources humaines. Mathilde, responsable RH, et Lola, stagiaire, sont chargées d'accompagner le développement du nouveau bureau parisien.

> Quels éléments permettent à Lola d'affirmer que l'image de l'entreprise est moderne ?

....

....

> Comment la communication peut-elle améliorer la gestion des ressources humaines ?

....

....

....

Passerelles

- 1re SDGN – Applications et usages du numérique dans les organisations

CAPACITÉ × Identifier les outils de communication RH d'une organisation

Notions

Communication interne et externe + marque employeur + intranet, réseaux sociaux d'entreprise, outils collaboratifs

1 La communication pour recruter

Mathilde sollicite Lola pour l'aider à recruter un chef de projet marketing. Elles se questionnent sur la manière dont elles pourraient recruter cette personne. Elles cherchent tout d'abord à utiliser un recrutement interne, mais, si ce processus n'aboutit pas, elles devront utiliser un recrutement externe.

DOC 1 Recrutement d'un nouveau collaborateur

Mathilde : Ce recrutement est vraiment stratégique pour l'entreprise, nous devons choisir la bonne personne puisque c'est elle qui sera chargée de développer l'influence de notre moteur de recherche sur le Web en France. Elle doit donc avoir des compétences spécifiques en *data mining*.

Lola : Avec Internet, le recrutement va se faire très vite.

Mathilde : Oui, mais c'est aussi le meilleur moyen pour que nos concurrents aient accès à notre offre, et qu'en fonction du profil mis en ligne ils devinent nos intentions. Comme nous cherchons des compétences particulières, si nous voulons affiner le recrutement, l'offre doit être très précise et, donc, pleine de renseignements !

Lola : Alors pourquoi ne pas recruter en interne ? Nous avons des bureaux un peu partout en Europe et puis cela peut nous faire gagner du temps et de l'argent.

Mathilde : Je pensais peut-être recourir à la bourse à l'emploi que Diigle vient de créer pour l'ouverture de nos bureaux aux États-Unis. Il faut que je me renseigne auprès de la direction.

Lola : Ne pourrait-on pas utiliser également la cooptation ?

Mathilde : Oui, bonne idée ! Cela nous permettra de faire appel au réseau professionnel de nos collaborateurs, puisque, dans ce cas, on les sollicite pour diffuser notre annonce auprès de leurs connaissances. Ce sera très rapide et on ciblera immédiatement les personnes avec les bonnes compétences. On peut dire que c'est une forme de parrainage professionnel. Cela valorisera nos collaborateurs.

1 Identifiez les deux outils de communication interne qui seront utilisés par Lola et Mathilde pour recruter.

....

2 Expliquez pour quelle(s) raison(s) Mathilde souhaite recourir à un processus de recrutement interne.

....

....

DOC 2 Bourse à l'emploi

De : dir-ressources-humaines@diigle.com 24/11/2021 11:15
À : mathilde.sodert@diigle.com
Objet : RE : Bourse à l'emploi

Bonjour Mathilde,

Pour la bourse à l'emploi, voici l'adresse web sur laquelle tu la trouveras : https://172.61.61.54//boursealemploi.com. Elle est accessible depuis l'Intranet et donc totalement sécurisée.

Tu pourras y consulter les CV de tous les collaborateurs qui ont souhaité y participer. Actuellement, il y en a 640 en ligne, donc autant de candidats ayant des envies d'ailleurs.

Tu peux également me faire parvenir ton offre, elle sera mise en ligne dès réception de celle-ci. Actuellement, nous avons seulement quatre annonces en ligne. Précise bien quel niveau de maîtrise en langues tu souhaites, car nous avons même des candidats japonais !

Bien cordialement,

Lilia Jones
DRH Diigle

3 Expliquez le principe de fonctionnement d'une bourse à l'emploi.

....

....

DOC 3 Programme de cooptation

De : mathilde.sodert@diigle.com 25/11/2021 15:18
À : liste-diffusion-DIIGLE FRANCE
Objet : Soyez notre nouveau chasseur de têtes !

Cher(e)s Diiglers !

Notre moteur de recherche écoresponsable grandit encore, nous recrutons un chef de projet marketing spécialisé en *data mining*. Vous trouverez l'offre d'emploi en pièce jointe.

Nous sommes une grande famille chez Diigle, et nous pensons que personne, mieux que vous, ne saura convaincre un collaborateur de nous rejoindre ! C'est pourquoi nous lançons « Diiglizez-vous », notre programme de cooptation *peer-to-peer*. Le principe est simple : partagez l'offre auprès de vos pairs (camarades de promotion, anciens collaborateurs, rencontres professionnelles, etc.) et demandez-leur d'indiquer le nom de leur parrain/marraine dans leur lettre de motivation. Chaque candidature sérieuse que vous aurez parrainée fera monter votre cagnotte Ethik-Kdo de 20 € ! À vous de jouer les Diiglers !

Bien cordialement,

Mathilde Sodert – Responsable RH Diigle

4 Expliquez le principe de fonctionnement d'un programme de cooptation. ....

....

....

5 Relevez les avantages et les inconvénients pour l'entreprise de ces modes de recrutement interne.

	Avantages	Inconvénients
Bourse à l'emploi	....	....
Programme de cooptation	....	....

DOC 4 Le recrutement sur Internet

Recruter sur Internet peut aider à gagner du temps et à attirer des profils plus jeunes. Quelques principes simples permettent de gagner en efficacité, car le recours au site de Pôle emploi n'est plus l'unique voie de recrutement. En effet, de nombreux sites spécialisés selon le type d'emploi ou le secteur d'activité (APEC, Cadremploi) permettent d'atteindre le profil cible partout dans le monde ! Néanmoins, l'offre d'emploi doit être précise. De plus, il ne faut pas oublier les réseaux sociaux, comme Facebook, où des groupes spécialisés dans la recherche d'emploi dans différents secteurs peuvent se créer. Le fameux réseau professionnel LinkedIn peut aussi aider à trouver de nouveaux talents.

© Foucher

RHC NEWS

En 2019, selon l'Apec, 85 % des entreprises ont eu recours aux réseaux sociaux pour recruter des cadres (diffuser des offres, se renseigner sur les candidats, etc.).

 # podcast

Le recrutement sur TikTok

foucherconnect.fr/21rhc75

6 Surlignez les outils de communication externe permettant de recruter sur Internet.

7 Expliquez l'intérêt pour une entreprise de procéder à un recrutement *via* Internet.

....

....

8 Différenciez la communication interne de la communication externe en matière de recrutement.

....

....

....

2 La marque employeur

« Alors qu'elles travaillent toujours sur leur recrutement, Mathilde et Lola doivent assister à une réunion de brainstorming des services RH sur le thème « Valoriser et améliorer notre marque employeur ». Elles reçoivent un mail de la part de la DRH regroupant des liens à consulter avant la réunion.

DOC 5 Lien n° 1 : vidéo de présentation de Marjorie, *happiness manager* chez Diigle

La vidéo est hébergée sur le site internet de Diigle.

« Mon travail chez Diigle consiste à améliorer le bien-être de nos salariés (et donc votre bien-être aussi). Lorsque j'ai commencé mon travail chez Diigle, notre quotidien ressemblait à celui de toutes les autres start-up, alors que notre start-up elle-même ne ressemblait à aucune autre. J'ai donc décidé de m'appuyer sur les deux valeurs fondamentales de Diigle – le développement durable et la solidarité – pour transformer nos vies. Voici ce que nous avons mis en place pour nos salariés : livraison de paniers de fruits et légumes bio par une AMAP, cours de yoga et de méditation sur le temps de pause de midi du mardi et ateliers jardins en ville sur les toits de nos bureaux tous les jeudis. Nous avons aussi un ergothérapeute qui a transformé certains de nos postes de travail informatiques pour les salariés afin de limiter les troubles musculosquelettiques. »

1 Indiquez l'intérêt pour l'entreprise de publier une telle vidéo sur son site internet.

....

....

DOC 6 Lien n° 2 : article de presse rhmagazine.com

Organiser un *team building* réussi

Le *team building* est véritablement devenu un incontournable outil pour les RH. L'objectif est de mettre vos collaborateurs face à un défi qu'ils puissent relever ensemble afin de créer une véritable cohésion entre eux. Le *team building* va favoriser l'intégration des nouveaux collaborateurs, la communication et l'entraide entre tous les membres de vos équipes. Les décisions prises seront collectives. Les formats de *team building* peuvent être multiples : chasse au trésor, *escape game*, concours de cuisine, courses caritatives, etc. Plus que simplement améliorer l'esprit d'équipe, le *team building* peut permettre d'agir sur la culture de votre entreprise. Quelles valeurs et qualités souhaitez-vous mettre en avant ? L'esprit d'équipe, l'innovation, l'écologie ? Quelles normes sociales voulez-vous automatiser chez vos collaborateurs ? La compétition entre vos équipes ou l'entraide et la solidarité ? Au-delà de la simple convivialité du moment, il faut donc bien réfléchir au contenu de votre *team building* pour que cet investissement soit rentable à terme pour votre entreprise.

2 Proposez une idée d'activité pour un *team building* chez Diigle qui valorisera la culture de l'entreprise.

....

....

3 Surlignez dans les docs 1 et 2 les dimensions de la gestion des ressources humaines sur lesquelles Mathilde et Lola devront travailler pour valoriser la marque employeur.

DOC 7 La marque employeur

Marque employeur

1. Améliorer ....
2. Valoriser ....
3. Instaurer ....

} Communiquer

 # vidéo
La marque employeur - 1,24 min
foucherconnect.fr/21rhc41

La marque employeur regroupe les pratiques distinctives en matière de gestion des ressources humaines qui différencient une entreprise de ses concurrents.

© Foucher

4 Complétez le schéma sur la marque employeur.

5 Expliquez comment les différentes actions mises en place rendent l'entreprise plus attractive pour un futur salarié.

....

....

....

6 Expliquez pour quelles raisons l'entreprise doit communiquer sur sa marque employeur.

....

....

DOC 8 Valorisation de la marque employeur de Diigle

Mathilde : J'ai plusieurs idées pour valoriser notre marque employeur, je pense que nous ne communiquons pas assez à son sujet.
Lola : Oui, tu as raison, alors que pourtant le siège a vraiment œuvré pour nous rendre heureux au quotidien !
Mathilde : Je pensais solliciter une revue comme *Management* afin qu'ils fassent un article sur nous.
Lola : On pourrait aussi faire quelques vidéos, notamment si on organise une chasse au trésor pour le prochain *team building*, et les publier sur notre compte Instagram.
Mathilde : Super idée ! Je pourrais aussi la publier sur notre compte Facebook, mais il faudra faire attention aux commentaires.
Lola : On pourrait aussi recourir à un ou deux influenceurs sur YouTube ! C'est très apprécié dans le milieu du numérique et chez les jeunes.

7 Relevez dans les docs 5 et 8 les médias de communication utilisés et évoqués par l'entreprise.

- Médias possédés par l'entreprise : ....
- Médias payés par l'entreprise : ....

8 Indiquez les avantages et les inconvénients pour une entreprise comme Diigle de communiquer sur les réseaux sociaux.

Avantages	Inconvénients
....	....
....	....
....	....
....	....
....	....
....	....

9 Proposez d'autres outils de communication que Diigle pourrait utiliser pour valoriser sa marque employeur.

....

....

3 Les outils collaboratifs en faveur de la cohésion

“ Pour attirer davantage de jeunes salariés dynamiques lors de ses futurs recrutements, Lola et Mathilde sont chargées de développer le télétravail pour Diigle. Au cours des dernières années, ce mode de fonctionnement s'est démocratisé.

DOC 9 Outils collaboratifs utilisés chez Diigle

Lola : Si on doit développer le télétravail, quels sont les outils qui existent déjà au sein de Diigle ?

Mathilde : Nous disposons déjà du réseau Intranet, que tu connais. Nous avons sur ce réseau la possibilité d'accéder à un agenda partagé et à un cloud sur lequel nous pouvons déposer nos dossiers importants. Diigle a aussi déployé une application Digg'homework qui permet de nous connecter en visioconférence. Nous avons également le chat instantané incorporé dans nos messageries électroniques.

Lola : Donc tout est quasiment prêt pour télétravailler !

Mathilde : Oui, mais j'aimerais que l'on trouve un fournisseur pour déployer un réseau social d'entreprise. C'est tout de même beaucoup plus moderne et plus en accord avec notre marque employeur.

1 Surlignez les différents outils collaboratifs qui existent déjà chez Diigle.

2 Expliquez comment les outils numériques de communication favorisent la collaboration des salariés.

....

....

....

3 Identifiez les conséquences, positives et négatives, de l'utilisation de ces outils numériques pour les salariés.

....

....

....

....

DOC 10 Les réseaux sociaux d'entreprise

Les réseaux sociaux d'entreprise se sont fortement développés ces dernières années. Avec Workplace by Facebook, les utilisateurs peuvent créer des groupes en fonction des projets sur lesquels ils travaillent. L'entreprise peut aussi débloquer la fonctionnalité Live lors des grands événements qui se déroulent au siège par exemple. La solution Yammer de Microsoft offre, quant à elle, la possibilité de travailler sur des documents en ligne et à plusieurs. Ce ne sont pas les seuls réseaux sociaux d'entreprise, une multitude de fournisseurs de solutions existe. L'avantage de ces réseaux est de faciliter l'instantanéité des communications et le partage des informations : chat, live, partage de contenus visibles par tout ou partie des collaborateurs, stockage de fichiers, travail collaboratif en ligne. En somme, ils centralisent les différents outils collaboratifs existants et les intègrent dans une solution unique.

© Foucher

 # vidéo
Le réseau social d'entreprise - 3,05 min
foucherconnect.fr/21rhc42

4 Expliquez quels sont les avantages d'un réseau social d'entreprise.

....

....

5 Montrez que l'utilisation d'un réseau social d'entreprise peut favoriser la cohésion entre les salariés.

....

....

....

....

3 MIN POUR RETENIR

EN AUDIO · EN VIDÉO · À L'ÉCRIT

foucherconnect.fr/21rhc43

1 La communication pour recruter

Communication interne : échanges formels et informels d'informations entre les différents membres de l'organisation.

- Environnement numérique de travail
- Bourse à l'emploi
- Programmes de cooptation

Communication externe : toutes les actions de communication entreprises auprès des parties prenantes qui lui sont extérieures.

- Sites internet : Pôle emploi, APEC, Cadremploi, etc.
- Réseaux sociaux : LinkedIn, Facebook, etc.

2 La marque employeur

Créer sa marque
- Améliorer les conditions de travail
- Valoriser les valeurs communes
- Instaurer un esprit d'équipe

Communiquer autour de sa marque
- Créer des contenus et les diffuser :
  - médias propres à l'organisation : site internet, Facebook ;
  - médias payants : publicité TV ou web
- Faire parler de soi :
  - presse ;
  - influenceurs, etc.

Attirer les collaborateurs

3 Les outils collaboratifs en faveur de la cohésion

Favoriser la collaboration et la cohésion

- Intranet
- Messagerie électronique
- Réseau social d'entreprise
- Outils collaboratifs : cloud, agendas partagés, channels, etc.

Entraînez-vous !

3 minutes pour s'évaluer

foucherconnect.fr/21rhc44

MOTS MÊLÉS

Retrouvez treize notions du cours dissimulées dans cette grille.

Attention, parmi les notions à retrouver, certaines sont composées de plusieurs mots.

I	D	N	O	I	T	A	C	I	N	U	M	M	O	C	I
M	N	S	V	E	L	A	F	K	R	E	S	I	V	O	A
R	A	T	U	I	L	A	U	Q	E	N	S	R	I	L	T
P	I	S	R	L	G	N	I	N	N	A	S	O	P	L	E
S	C	A	E	A	E	U	S	C	U	E	L	A	B	A	N
R	U	B	S	I	N	S	S	O	C	P	F	O	R	B	R
T	L	R	E	C	E	E	U	H	M	S	U	E	R	O	E
A	T	B	A	O	G	E	T	E	E	T	C	R	M	R	T
B	U	R	U	S	E	A	L	S	M	H	E	H	C	A	N
O	R	E	G	V	H	A	H	I	D	R	T	A	E	T	I
U	E	S	A	C	E	M	G	O	I	U	A	R	T	I	E
C	I	L	S	S	A	I	C	N	E	R	O	E	E	F	E
T	L	A	R	S	I	H	S	O	N	I	D	L	D	A	N
I	B	U	U	R	X	T	I	L	A	U	Q	Z	C	R	T
O	O	H	G	C	O	O	P	T	A	T	I	O	N	N	A
B	R	U	E	Y	O	L	P	M	E	E	U	Q	R	A	M
A	E	G	E	F	K	L	P	T	M	A	R	F	G	E	S

Exercice 1 Identifier les situations de communication interne ou externe

DOC Différentes situations de communication

① H&M publie une vidéo sur son compte Instagram pour recruter un *community manager*.

② Coca-Cola démarre une campagne de publicité sur LinkedIn pour recruter des commerciaux.

③ Vous recevez une proposition de mutation de la part de votre DRH pour intégrer l'équipe RH de l'antenne de Paris.

④ Un programme de cooptation est mis en place chez Michel & Augustin pour faciliter le recrutement de futurs collaborateurs.

⑤ Vous devez recruter un cadre en logistique, vous publiez une annonce sur Pôle emploi.

⑥ Vous organisez un arbre de Noël cette année. Pour valoriser cette démarche, vous publiez un communiqué sur le réseau social d'entreprise.

© Foucher

Questions

1 Classez les situations de communication selon qu'elles appartiennent à la communication interne ou externe d'une entreprise.

2 Justifiez vos réponses.

Exercice 2 Recruter sur LinkedIn

LinkedIn est un de ces réseaux sociaux qui ont le vent en poupe ! LinkedIn en chiffres c'est : deux nouveaux inscrits par seconde, dix-neuf millions d'inscrits en France, six cent soixante millions dans le monde entier et trente millions d'entreprises qui s'y sont inscrites. Créer sa page entreprise sur LinkedIn permet de mettre en valeur son activité, sa culture d'entreprise et sa marque employeur en communiquant sur les actions RH qui y sont menées. Cinq millions d'entreprises en France ont déjà franchi ce cap. Elles peuvent y être suivies, leurs publications peuvent être likées ou partagées comme sur n'importe quel réseau social.

L'autre atout incontestable de LinkedIn, c'est sa base de données. Une entreprise qui recherche une personne qualifiée et qui publie son annonce sur Pôle emploi recevra peut-être deux ou trois candidatures réellement pertinentes par rapport au profil recherché. LinkedIn est le réseau qui permet d'accéder à des profils pertinents et d'intéresser des personnes qui ne sont pas en recherche active d'emploi. Ce simple détail élargit considérablement la base de recrutement et augmente les chances d'obtenir des candidatures de qualité.

Tout comme Pôle emploi, LinkedIn permet de publier des annonces. Le réseau permet en plus de les diffuser aux personnes de son propre réseau et, plus largement, à leur réseau et ainsi du suite *via* la page « carrières » de la page entreprise. Il existe également un moteur de recherche d'annonces disponibles pour tous les membres de LinkedIn. Pour un recrutement important ou urgent, il est même possible de créer une campagne de publicité sur le réseau avec des encarts « WORK WITH US » animés qui s'afficheront lors de la navigation des utilisateurs du réseau. Le réseau permet enfin de contacter directement, une fois trouvée, la perle rare, pour l'inviter à un premier contact, généralement téléphonique.

Questions

1. Indiquez si l'utilisation de LinkedIn correspond à une communication interne ou externe pour l'entreprise et justifiez votre réponse.
2. Expliquez les avantages de LinkedIn en matière de recrutement.
3. Montrez que LinkedIn peut contribuer à valoriser la marque employeur d'une entreprise.

Le déclic

Analysez bien les consignes pour répondre au travail demandé.

> Expliquer signifie que l'on va chercher à faire comprendre une notion à quelqu'un qui n'appartient pas à notre domaine professionnel. Alors que démontrer/montrer signifie que l'on va construire un raisonnement pour prouver que notre idée est la bonne.

Exercice 3 Déployer un réseau social d'entreprise

Interrogées aujourd'hui, 8 entreprises sur 10 ont déjà déployé un réseau social d'entreprise ou auraient l'intention d'investir sur le sujet dans les années à venir. Le coût de cet investissement annuel est variable : entre 6 000 € et 15 000 € annuels en moyenne selon le type de réseau et le nombre d'utilisateurs, les chiffres pouvant atteindre des sommets dans un groupe comptant plusieurs milliers de salariés. Souvent, l'entreprise investit dans cet outil pour réduire le fonctionnement hiérarchique, favoriser la création de groupes de projet et les initiatives des salariés, avec l'espoir que ceux-ci utiliseront le réseau social d'entreprise comme ils utilisent leur profil Facebook ou Instagram. En réalité, peu de salariés se convertissent à son usage et, lorsqu'ils le font, ils n'osent pas prendre d'initiatives de peur de commettre un faux pas, de trop se dévoiler, ou de transgresser les codes sociaux en vigueur… Il ne suffirait donc pas de changer d'outils pour changer de management.

Questions

1. Indiquez l'objectif des entreprises qui investissent dans un réseau social d'entreprise.
2. Montrez les limites de cet outil collaboratif.
3. Expliquez la signification de la phrase soulignée.

Entraînez-vous !

Exercice 4 Réinventer le recrutement

Doc 1 Un fonctionnement particulier pour une entreprise particulière

Michel & Augustin, c'est une *success story* à la française : deux amis qui sont partis de presque rien pour créer une marque agroalimentaire de produits sains, sans colorants, sans conservateurs. L'entreprise compte désormais Danone parmi ses actionnaires et ses produits sont distribués à l'international. L'entreprise compte aujourd'hui plus de quatre-vingt-dix collaborateurs et reçoit chaque année trois mille candidatures spontanées. Comment expliquer ce succès ?

Pour se démarquer des autres entreprises, Michel & Augustin ont inventé leur propre langage. Il n'est jamais question de « collaborateurs », de « siège », de « salaire » ou de « responsable ». Le siège de l'entreprise s'appelle « la bananeraie », les salariés sont une « tribu de trublions », Augustin Paluel-Marmont n'est pas le DG de l'entreprise mais le « vizir en chef », quant à Michel de Rovira, c'est « le calife ». Un vocabulaire bien éloigné des pratiques RH habituelles !

L'entreprise fonctionne sur le principe d'une start-up : on pratique le « stand-up », c'est-à-dire la mini-réunion debout pour ne pas perdre de temps, on encourage les trublions à développer leurs projets en intrapreneuriat, on favorise la formation des salariés en finançant par exemple un CAP pâtisserie, etc.

Les rituels occupent également une place importante : le petit-déjeuner de qualité pour commencer la semaine, la réunion stand-up à 9 h tous les jours, les conférences de scientifiques, de politiques, d'auteurs, etc. chaque semaine lors des « Learn at Lunch » pour favoriser la rencontre et le partage. Chaque nouveau collaborateur doit aussi organiser son « Welcome Apéro » avec une recette de son enfance.

La bananeraie est aussi un lieu d'accueil ouvert puisque l'entreprise n'hésite pas à y inviter ses clients pour des dégustations de produits en avant-première.

© Foucher

Doc 2 Michel & Augustin sur les réseaux sociaux

Organiser un *job dating* dans le métro pour trouver un futur collaborateur vous semble impossible ? Ça ne l'est pas pour la joyeuse bande de « trublions » de l'entreprise Michel & Augustin. C'est comme ça que sa DRH a recruté six postes en CDI et six stagiaires. Hyperactive sur les réseaux sociaux, l'entreprise a déjà sa chaîne Youtube, sa page Facebook et son compte Instagram où elle communique principalement à l'aide de vidéos dont les sujets sont variés : promotion de ses nouveaux produits, actualité de la marque, quotidien des salariés… La marque s'en sert désormais aussi pour recruter. C'est ainsi que la vidéo du *job dating* dans le métro a fait 200 000 vues en une petite semaine et que l'entreprise a reçu plus de mille CV. La marque est néanmoins habituée au buzz depuis de nombreuses années : les fondateurs de la marque n'hésitent pas à « payer de leur personne » et à se mettre en scène pour faire parler d'eux. C'est ainsi qu'Augustin Paluel Marmont, à demi nu et maquillé en vache, rendait un vibrant hommage à Michaël Jackson dans un supermarché quelques jours après sa mort.

Pour trouver de nouvelles idées et stimuler la créativité au sein des équipes, rien de tel qu'une chasse aux « papillons » : chaque collaborateur dépose ses idées dans un immense filet qu'on prend ensuite le temps de dépouiller.

© Foucher

 # vidéo
DRH dans le métro - 0,57 min
foucherconnect.fr/21rhc45

 # vidéo
Job de rêve - 1,29 min
foucherconnect.fr/21rhc46

Questions

1. Identifiez les valeurs propres à la culture d'entreprise de Michel & Augustin.
2. Expliquez comment les rituels de Michel & Augustin favorisent la cohésion des équipes.
3. Montrez que la marque Michel & Augustin est devenue une marque employeur.
4. Analysez l'intérêt pour Michel & Augustin d'avoir investi dans cette marque employeur.
5. Après avoir pris connaissance des réseaux sociaux de Michel & Augustin, appréciez la pertinence du choix de ces outils pour communiquer sur leur marque employeur.
6. Proposez d'autres moyens originaux de recrutement utilisés par les entreprises, à l'aide d'une recherche sur Internet.

Tout savoir sur le projet

En voie technologique, lors de votre année de terminale, vous devez élaborer en groupe un projet de gestion. Celui-ci vous aidera à construire vos deux questions du Grand Oral (fiche p. 119), ainsi qu'à définir votre projet personnel d'orientation (fiche p. 121).

Les objectifs

Le projet de gestion vous permettra d'apprendre, de comprendre et d'agir en étant confronté à la réalité complexe d'une organisation. Vous devez être ainsi en mesure de l'appréhender et de la comprendre dans sa globalité (environnement, culture et valeurs, finalités, stratégie, fonctionnement, pratiques managériales, acteurs, système d'information, etc.), mais aussi d'agir en étant exposé directement et concrètement au traitement d'un problème de gestion qui se pose au sein de l'organisation. *In fine*, ce projet va vous aider à faire émerger les questions du Grand Oral et à vous préparer aux attendus des études supérieures.

Les caractéristiques du projet

Le projet de gestion est ancré sur une organisation réelle et existante (entreprise, association, institution publique) et doit vous amener à identifier une situation organisationnelle faisant apparaître un problème de gestion à traiter.

Ce projet permettra de vous impliquer, de vous projeter dans la réalité d'une organisation inscrite dans un environnement économique et juridique et dont vous vous approprierez le contexte réel, les éléments stratégiques, managériaux ainsi que le système d'information.

Dès le début de l'année, rendez-vous dans les différentes entreprises de votre secteur géographique pour décrocher un entretien avec un responsable. Vous pouvez également vous appuyer sur des recherches documentaires en lien avec l'entreprise choisie.

Le projet de gestion couvre les programmes de management, sciences de gestion et numérique, de droit, d'économie, ainsi que l'enseignement spécifique de ressources humaines et communication.

Pour traiter la problématique de gestion de l'organisation choisie, vous allez devoir mobiliser des techniques, des démarches et des outils liés à votre enseignement de ressources humaines et communication, comme la recherche documentaire, les enquêtes, la veille informationnelle (organigramme de l'entreprise, plan de formation, guides d'entretien salarié et DRH, bilan social, etc.).

Toute la démarche de votre projet de gestion vous servira à construire et à trouver vos deux questions pour préparer le Grand Oral.

Ce projet vous permettra de mettre en évidence les tensions organisationnelles que révèle ce problème de gestion, de l'évaluer et de questionner les choix opérés et leurs conséquences. Vous allez devoir également formuler des hypothèses, collecter des données complémentaires et conduire des raisonnements pour produire des conclusions argumentées.

Le projet de gestion vous conduira à construire des productions concrètes (guide d'entretien, tableaux de bord, enquête...) associées au traitement et à la résolution du problème de gestion.

Attention ! Même si ce projet est collectif, chaque élève devra faire apparaître sa contribution et ses appréciations personnelles dans le projet de gestion. Les questions du Grand Oral devront être individuelles !

Exemple de projet de gestion en lien avec l'enseignement spécifique RHC

Titre du projet de gestion

« Répondre aux besoins en compétences de l'entreprise Compéticom, start-up de 49 salariés, spécialisée dans la proposition de solutions de communication aux entreprises »

Problème de gestion

La direction de Compéticom n'arrive pas à recruter des personnes qualifiées et compétentes pour répondre aux besoins de ses clients. La direction doit donc essayer de recruter tout en formant ses nouveaux collaborateurs aux processus de l'entreprise.
Un groupe projet a été instauré pour répondre à cette problématique.

Ressources de l'élève

- Présentation du contexte de l'organisation
- Organigramme de l'organisation
- Bilan social
- Guide d'entretien du DRH et de certains salariés
- Documents en lien avec l'organisation issus d'Internet

Activités de l'élève

- Identifier les problèmes de recrutement.
- Évaluer les risques des problèmes de recrutement (heures supplémentaires, taux d'absentéisme, turnover, image de marque) à partir du bilan social de l'organisation et d'un entretien avec la DRH.
- Identifier les solutions qui peuvent s'offrir à l'organisation pour répondre à cette problématique.
- Proposer des partenariats avec les écoles de communication de la ville.
- Renforcer le positionnement de l'organisation sur les réseaux sociaux et les sites de recrutement.

N'oubliez pas : pour le Grand Oral, vos questionnements doivent être transversaux et doivent porter sur l'économie, le droit, les sciences de gestion et du numérique, le management et votre enseignement spécifique !

Lien avec les programmes

Droit **Le contrat de travail** → Thème 7 Comment le droit encadre-t-il le travail salarié ?

Économie **Les facteurs de production : le travail, le capital et l'investissement, les ressources naturelles, le savoir et l'information ; la productivité et les gains de productivité** → Thème 2 Comment la richesse se crée-t-elle et se répartit-elle ? – II.1. La combinaison des facteurs de production et l'évolution des technologies.
Les emplois typiques et atypiques → Thème 7 Le chômage résulte-t-il de dysfonctionnements sur le marché du travail ? – VII.1. Le fonctionnement du marché du travail.

Ressources humaines et communication Thème 1 Les compétences au service de l'organisation et l'organisation au service du développement des compétences – 1.1. Le recrutement suffit-il pour répondre aux besoins en compétences de l'organisation ?

Management, science de gestion et numérique Thème 1 Les organisations et l'activité de production de biens et de services – 1.2. Quelles ressources pour produire ?

GRAND ORAL

Grand Oral
La minute du Coach
foucherconnect.fr/21rhc68

Tout savoir sur l'épreuve

En voie technologique, vous passez un oral à la fin de votre année de terminale. Cette épreuve fait partie des épreuves finales du bac (60 % de la note finale).

L'objectif

L'épreuve du Grand Oral a pour objectifs de :

- vous permettre de montrer votre capacité à prendre la parole en public, face à un jury, de façon claire et convaincante ;
- mettre les savoirs acquis tout au long de vos années de première et de terminale au service d'une argumentation ;
- montrer comment ces savoirs ont nourri votre projet de poursuites d'études, voire de projet professionnel.

L'évaluation

L'épreuve de Grand Oral est l'une des cinq épreuves terminales de l'examen du baccalauréat. Elle est notée sur 20 points avec un coefficient 14.

Le jury, composé de deux professeurs de matières différentes, dont un professeur de spécialité, valorisera la qualité orale de l'épreuve, la qualité de la prise de parole en continu, la qualité des connaissances mobilisées, la qualité de l'interaction, et la qualité et la construction de votre argumentation.

Le déroulement de l'épreuve

40 minutes : 20 minutes de préparation + 20 minutes d'oral et d'échange avec le jury

Vous présentez au jury les deux questions que vous avez préparées durant l'année (fiche p. 119). Ces deux questions s'appuient formellement sur le projet de gestion que vous aurez travaillé durant votre année scolaire. Le jury choisit l'une de ces deux questions. Vous aurez ensuite 20 minutes de préparation, en loge, pour mettre en ordre vos idées et créer, si vous le souhaitez, un support que vous remettrez au jury sur une feuille qui vous sera fournie au début de l'épreuve ou que vous laissez sur votre table en loge. Ce support ne sera pas évalué et vous devrez faire votre exposé sans notes et debout.

Pendant votre préparation, vous pouvez lister vos idées, faire une carte mentale, un schéma. N'hésitez pas à vous entraîner tout au long de l'année afin de savoir quel support vous convient le mieux !.

Temps 1 **Présentation de votre question** 5 minutes

Durant les cinq minutes de présentation, vous expliquerez sans notes pourquoi vous avez choisi de préparer cette question pendant votre formation, puis vous la développerez en y répondant et en y apportant des arguments construits.

Temps 2 **Échange avec le jury** 10 minutes

Le jury vous interrogera ensuite pour vous amener à préciser votre réflexion et les arguments que vous avez émis durant votre présentation. Cette interrogation peut porter sur des parties du programme de vos enseignements (management, sciences de gestion et numérique, économie, droit et RHC).

Temps 3 **Échange sur le projet d'orientation** 5 minutes

Pendant ce temps, vous expliquez en quoi cette question vous est utile pour votre projet de poursuite d'études, voire de votre projet professionnel. Vous parlez des différentes étapes de la maturation de votre projet (discussions avec vos professeurs, rencontres, stages, bénévolats, etc.) et comment vous souhaitez le mener après votre baccalauréat. Le jury mesurera votre capacité à conduire et à exprimer votre réflexion personnelle et votre aptitude à exprimer vos motivations.

Sauf aménagement spécifique, le premier temps de présentation devra se faire debout ! Pour le deuxième et le troisième temps, vous aurez le choix de faire cette présentation debout ou assis. À vous de choisir la position qui vous convient le mieux en vous préparant à cette épreuve tout au long de l'année !

La grille d'évaluation indicative de l'épreuve

	Qualité orale de l'épreuve	Qualité de la prise de parole en continu	Qualité des connaissances	Qualité de l'interaction	Qualité et construction de l'argumentation
Très insuffisant	Difficilement audible sur l'ensemble de la prestation. Le candidat ne parvient pas à capter l'attention.	Énoncés courts, ponctués de pauses et de faux démarrages ou énoncés longs à la syntaxe mal maîtrisée.	Connaissances imprécises, incapacité à répondre aux questions, même avec une aide et des relances.	Réponses courtes ou rares. La communication repose principalement sur l'évaluateur.	Pas de compréhension du sujet, discours non argumenté et décousu.
Insuffisant	La voix devient plus audible et intelligible au fil de l'épreuve mais demeure monocorde. Vocabulaire limité ou approximatif.	Discours assez clair mais vocabulaire limité et énoncés schématiques.	Connaissances réelles, mais difficulté à les mobiliser en situation à l'occasion des questions du jury.	L'entretien permet une amorce d'échange. L'interaction reste limitée.	Début de démonstration mais raisonnement lacunaire. Discours insuffisamment structuré.
Satisfaisant	Quelques variations dans l'utilisation de la voix ; prise de parole affirmée. Il utilise un lexique adapté. Le candidat parvient à susciter l'intérêt.	Discours articulé et pertinent, énoncés bien construits.	Connaissances précises, une capacité à les mobiliser en réponse aux questions du jury avec éventuellement quelques relances.	Répond, contribue, réagit. Se reprend, reformule en s'aidant des propositions du jury.	Démonstration construite et appuyée sur des arguments précis et pertinents.
Très satisfaisant	La voix soutient efficacement le discours. Qualités prosodiques marquées (débit, fluidité, variations et nuances pertinentes, etc.). Le candidat est pleinement engagé dans sa parole. Il utilise un vocabulaire riche et précis.	Discours fluide, efficace, tirant pleinement profit du temps et développant ses propositions.	Connaissances maîtrisées, les réponses aux questions du jury témoignent d'une capacité à mobiliser ces connaissances à bon escient et à les exposer clairement.	S'engage dans sa parole, réagit de façon pertinente. Prend l'initiative dans l'échange. Exploite judicieusement les éléments fournis par la situation d'interaction.	Maîtrise des enjeux du sujet, capacité à conduire et à exprimer une argumentation personnelle, bien construite et raisonnée.

Préparer ses questions

Vous allez devoir préparer pour le Grand Oral deux questions de gestion.

L'origine des questions

Ces questions s'ancrent en priorité dans l'enseignement de ressources humaines et communication et de management, sciences de gestion et numérique tout en intégrant impérativement des enjeux juridiques et économiques.

Choisissez des questions qui vous passionnent. C'est la clé de la réussite ! Vos questions peuvent s'appuyer sur l'organisation étudiée dans le cadre de votre projet de gestion. Ce projet peut vous permettre de préparer votre argumentaire lors de votre Grand Oral.

Les deux questions choisies pour le Grand Oral ne doivent pas se ressembler. De plus, elles sont transversales aux enseignements de votre année de terminale. Ces questions doivent également être personnelles et venir de vous.

Vous ne pouvez pas avoir une question identique à celles de vos camarades. Cela sera considéré comme du plagiat !

Les questions doivent être choisies pour :
- démontrer un cheminement de pensée et une logique ;
- disposer d'une formulation qui permet une ouverture vers d'autres sujets en lien avec la question choisie ;
- construire une argumentation claire et précise.

Des propositions de questions

Voici quelques exemples de questions qui découlent d'anciens sujets de baccalauréat et qui peuvent servir de socle pour construire des questions de gestion :
- Une entreprise peut-elle concilier le respect de ses valeurs et la recherche de performance globale ?
- La mobilité interne est-elle toujours un facteur de performance sociale pour l'entreprise ?
- Le dialogue social suffit-il à apaiser les tensions au sein d'une organisation ?
- Le dialogue social suffit-il à mobiliser ?
- La mobilisation du personnel est-elle suffisante pour garantir l'efficacité de l'organisation ?
- La mise en place d'un groupe projet suffit-elle à garantir la mobilisation des salariés dans l'organisation ?
- La mise en place d'un dispositif d'intégration des salariés suffit-elle à améliorer la cohésion dans l'organisation ?
- Les décisions prises par les organisations pour profiter d'opportunités sont-elles toujours porteuses d'évolutions en matière de gestion des ressources humaines ?
- Une politique de fidélisation des salariés améliore-t-elle systématiquement la performance de l'entreprise ?

Attention, ces questions ne pourront pas être reprises pour votre Grand Oral : vous devez trouver des questions qui découlent de vos travaux réalisés tout au long de l'année.

vidéo
10 expressions françaises pour argumenter à l'écrit et à l'oral - 8,55 min
foucherconnect.fr/21rhc69

Construire son argumentation

Lors du Grand Oral, il vous faudra être convaincant pour exposer les enjeux de la question choisie par le jury, pour expliquer votre démarche de recherche et justifier vos choix d'outils et de méthodes de travail. Vous aurez 20 minutes de préparation pour noter sur une feuille les éléments importants sous la forme de votre choix. Toujours est-il que c'est en amont que vous aurez préparé et affûté vos arguments. Préparer cette argumentation est donc primordial.

1re étape : en amont de l'épreuve

Analyser la question

Au cours du travail préparatoire mené tout au long de l'année, vous aurez préalablement :
- repéré et défini les mots-clés de votre question ;
- repéré, s'il y en a, les bornes de votre question : bornes temporelles (à quelle période se situe la question ?), bornes contextuelles (dans quel environnement se situe la question ?), bornes géographiques (où ?) si besoin.

Ces éléments vont vous permettre de contextualiser votre question et d'exposer votre problématique. Ils vous seront précieux pour bâtir votre introduction.

2e étape : le jour de l'épreuve

Réunir ses idées

Pendant ces 20 minutes de préparation, nous vous conseillons :
- de noter toutes vos idées et tous vos arguments préparés en amont sous forme de texte, de carte mentale ou de tout autre support qui vous convient le mieux ;
- de rechercher, dans vos connaissances acquises (de la classe de terminale, mais aussi de première, ne l'oubliez pas !), celles qui peuvent être utiles pour appuyer vos arguments ;
- d'étayer vos connaissances d'exemples : un lien avec l'actualité pourra également être utile ;
- de faire un plan : regroupez vos idées en sous-groupes homogènes afin d'y faire apparaître des thèmes.

Même si votre oral se fait sans notes, le plan est votre feuille de route pour l'oral. Il vous permet de prévoir le déroulé de votre exposé, ainsi que l'enchaînement de vos arguments pour répondre à la question.

Structurer l'argumentation

Une question argumentative est structurée en grandes idées. Chacune se compose de plusieurs arguments et d'exemples qui illustrent ces arguments.

Les exemples sont essentiels pour convaincre : ils permettent de mieux comprendre le point de vue, l'argument défendu. Où les trouver ? Partout : actualité, lectures, séries, films, vidéos, conversations…

N'oubliez pas que vous n'aurez que 5 minutes pour étayer vos arguments ! Une bonne argumentation doit être claire pour celui qui l'entendra. L'idée doit être comprise sans ambiguïté et être identifiable. Pour cela, il faut bien distinguer et isoler ses idées. Respectez une règle simple : exprimez une idée à la fois, et marquez bien la transition lorsque vous passez d'une idée à la suivante.

Les connecteurs logiques vous permettent de marquer l'articulation de vos idées et soulignent les relations établies entre elles.

Pour que l'argument soit convaincant, celui-ci doit conserver autant que possible la structure : affirmation/explication/exemple.

Les idées listées dans la préparation du plan doivent être formulées au brouillon par des phrases courtes : sujet/verbe/complément.

Préparer son projet d'orientation

 # vidéo
Bac STMG : présentation, débouchés, orientation post-bac - 4,55 min
foucherconnect.fr/21rhc70

Lors du troisième temps du Grand Oral, vous allez devoir expliquer au jury en quoi la question traitée vous sera utile pour votre projet de poursuite d'études, voire de votre projet professionnel. Voici quelques pistes vous permettant de construire cet échange qui durera 5 minutes.

Les études supérieures

La série STMG permet d'accéder à une offre diversifiée et complète d'études supérieures débouchant sur des secteurs porteurs comme : le commerce, le marketing, la communication, la comptabilité, les ressources humaines, le juridique, etc.

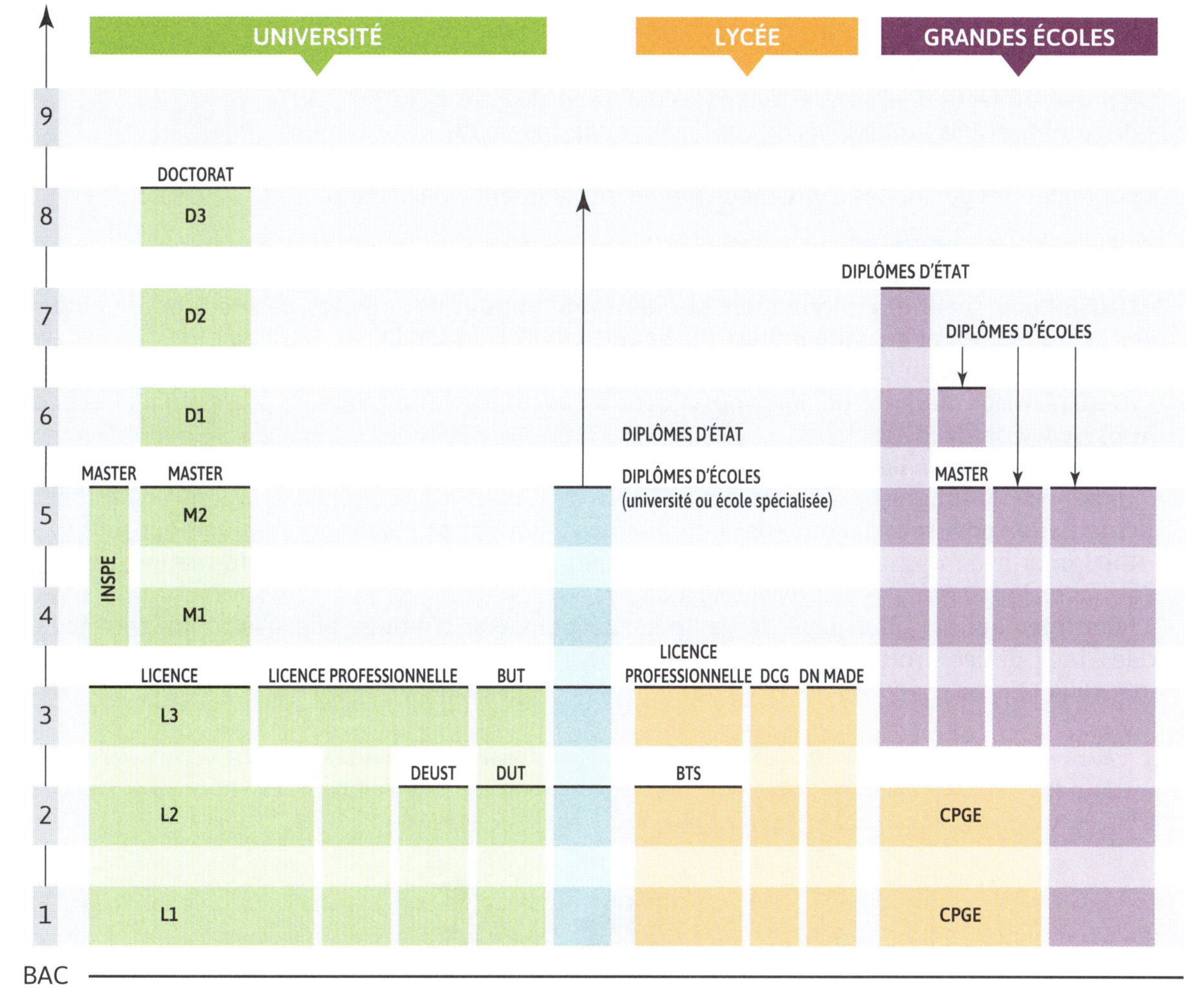

• Le **brevet de technicien supérieur (BTS)** : il se prépare en deux ans, en initial ou en apprentissage. Plusieurs BTS existent dans des domaines variés comme le commerce, la comptabilité, la gestion des entreprises et des administrations, etc.
• Le **bachelor universitaire et technologique (BUT)** : il se prépare en trois ans dans un institut universitaire de technologie (IUT) et couvre des domaines variés comme le droit, le commerce, les médias, la communication, etc.
• La **licence** : elle se prépare en six semestres (3 ans). Le mode d'enseignement implique une grande autonomie et porte sur des domaines comme le droit, l'économie, la psychologie, etc.

Il existe bien d'autres possibilités comme les classes préparatoires aux grandes écoles, le diplôme de comptabilité de gestion (DCG), des concours de la fonction publique, etc. Tous ces parcours peuvent vous emmener jusqu'à un bac + 8.

Les métiers

Les débouchés métiers sont variés et dépendent directement de votre niveau d'études. En poursuivant des études dans le domaine des ressources humaines et communication, nous pouvons citer les métiers suivants :

- office manager ;
- assistant en ressources humaines ;
- chargé de recrutement ;
- chargé de formation ;
- adjoint administratif ;
- chasseur de têtes ;
- consultant en recrutement ;
- chargé de mission handicap ;
- responsable de paie ;
- responsable de développement RH, etc.

La construction de son projet

Un projet professionnel se construit pas à pas. N'hésitez pas à :

- discuter avec vos professeurs de vos envies et de vos doutes ;
- prendre rendez-vous avec le conseiller d'orientation de votre lycée ;
- contacter des personnes exerçant ce métier, notamment *via* LinkedIn.

Voici quelques sites qui peuvent vous aider :

- **Parcoursup** pour faire vos vœux ou découvrir le contenu des formations : https://www.parcoursup.fr/
- **ONISEP** pour avoir des informations sur des formations et des métiers. Le site propose notamment des fiches métiers et des vidéos illustratives : http://www.onisep.fr
- **L'Étudiant** qui propose des fiches métiers et des annuaires d'établissements : https://www.letudiant.fr/
- **STUDYAdvisor** où des étudiants vous aident à construire votre parcours professionnel et scolaire : https://www.studyadvisor.fr/
- **Mon orientation en ligne** pour poser des questions sur votre orientation à un conseiller : http://www.monorientationenligne.fr/
- **Orientation pour tous** qui offre des informations utiles : https://www.orientation-pour-tous.fr/
- **CIDJ** pour avoir des informations sur les métiers, l'orientation, l'emploi, la formation, les séjours à l'étranger, les stages... : https://www.cidj.com/
- **Pearltrees** qui est un espace de veille sur la poursuite d'études afin d'accompagner les élèves dans leur projet professionnel : http://www.pearltrees.com/t/grand-oral-projet-orientation/eleves/id36780492

Vous trouverez également des informations en fonctionnant par mots-clés sur votre moteur de recherche : métiers après un bac STMG, ressources humaines, BTS, DUT, etc. Plus vous prendrez du temps pour construire votre projet, plus celui-ci sera cohérent !

\# vidéo
Conseils pour l'oral - méthodo - tous niveaux - 5,18 min
foucherconnect.fr/21rhc71

Préparer son oral

Vous allez devoir vous exprimer devant un jury pendant 5 minutes et interagir ensuite avec lui pendant 15 minutes. Votre posture, votre voix, la manière dont vous vous exprimez vont être évaluées à cette occasion. Voici quelques conseils pour vous entraîner tout au long de l'année et être prêt le jour J. Le fond (le sujet) est très important, certes, mais la forme (la façon de présenter le sujet) l'est tout autant.

La voix

De forte à faible, voire inaudible : lors de l'oral, il faut rester maître de sa voix. La diction est un élément clé. Pour l'améliorer, il est nécessaire de travailler les éléments suivants :

- le **volume** ou niveau sonore : vous devez être entendu du jury, même si une courte distance vous sépare de lui ;
- le **débit** ou la vitesse et le **rythme** : avec le stress, sachez que vous aurez tendance à parler vite. Il vous faut donc ralentir, malgré vous, pour rester dans une communication fluide et agréable pour votre interlocuteur ;
- l'**articulation** des mots, la **modulation** : un discours atone aura peu de chance d'éveiller l'intérêt du jury. Cela traduit également votre énergie interne. Peu de rythme ou de modulation donnera l'impression que vous manquez d'énergie.

Pour donner de la voix, tenez-vous bien ! Une posture droite renforce le bon positionnement de la voix. Si vous regardez vos chaussures, vous ne serez guère audible !

La forme du discours

Il est important de s'entraîner à utiliser certaines formulations positives, même si l'on pense déjà savoir le faire.
N'utilisez pas d'abréviations et, si vous employez des termes techniques, soyez sûr d'en connaître la définition, car le jury risque de vous interroger dessus.

Si vous n'êtes pas sûr d'une information, d'une statistique, d'une date, etc., ne bluffez pas. Passez simplement à autre chose.

Les silences sont très importants dans un discours. Ce n'est pas une absence de communication, mais une forme de communication non verbale. Le silence suit un passage de votre exposé et permet au jury d'avoir le temps d'apprécier votre propos. Le silence peut aussi être utilisé avant la réponse à une question. Il vous permet de réfléchir. Il vaut mieux prendre du temps pour construire une réponse plutôt que de répondre trop vite et de changer d'avis ensuite.

N'hésitez pas à faire répéter une question ou reformulez-la pour être sûr de bien l'avoir comprise.

L'attitude

L'évaluation commence dès votre entrée dans la salle d'examen. Il est donc important d'adopter une posture et une tenue vestimentaire relativement neutres pour atténuer d'éventuels préjugés.
La tenue vestimentaire est importante. Choisissez une tenue soignée, confortable, ni trop sophistiquée ni trop décontractée. Vous devez vous sentir vous-même.

Certaines attitudes peuvent susciter des interprétations négatives :

- ne pas saluer le jury lors de l'entrée dans la salle ;
- mâcher du chewing-gum (signe d'impolitesse et de nonchalance) ;
- regarder derrière le jury, regarder le sol, le plafond ou une fenêtre (signe d'impolitesse ou de malaise) ;
- être familier avec le jury ;
- couper la parole, etc.

D'autres attitudes, au contraire, peuvent provoquer des réactions positives :
- accompagner sa parole par le mouvement des mains pour insister sur un point, ouvrir le débat, etc. ;
- regarder alternativement les membres du jury ;
- regarder l'interlocuteur qui vient de vous poser une question, etc.

À l'inverse, n'essayez pas d'interpréter les réactions du jury. Un membre du jury qui ne sourit pas n'est pas forcément hostile, il peut par exemple être dans une profonde réflexion.

Faites attention également à votre attitude en sortant de la salle. Le jury peut encore vous entendre : pas d'exclamation ni de cri devant la porte.

Le sourire

Le sourire est fondamental dans la communication, en particulier lors des différentes étapes d'un oral de conversation avec un jury. C'est le premier signe de communication (communication non verbale) lorsque vous entrez dans la salle.
Le sourire pendant l'oral est tout aussi important. Il indique que vous êtes dans un état d'esprit positif, prêt à vous investir dans votre épreuve.
Enfin, le sourire peut constituer un premier réflexe à adopter pendant l'oral face à un obstacle, à une question difficile ou mal maîtrisée. Par le sourire, vous montrez ainsi que vous ne perdez pas vos moyens, que vous ne cédez pas aux émotions négatives, mais que vous gardez le contact avec vos interlocuteurs. Cette attitude peut vous permettre de répondre « je ne sais pas... » ou « je n'ai pas eu l'occasion d'approfondir cet aspect de la question ». Le sourire veut dire « certes, je ne réponds pas à votre question, mais je garde le contact, je reste confiant dans cette épreuve et suis prêt à poursuivre ».
Le sourire est donc une forme de communication, une attitude par rapport à soi ou aux autres : il faut savoir l'utiliser à bon escient.

Soyez attentif aux signes du stress qui vous gagne et surtout identifiez ce qui peut vous aider à le surmonter : concentration sur votre respiration, image mentale positive, etc. Ayez confiance en vous et en vos capacités. Cet oral n'a pas pour objectif de vous juger en tant que personne.

S'entraîner pour le jour J

Une fois la préparation de votre contenu terminée, entraînez-vous à lire votre présentation à voix haute, devant un miroir ou devant des proches. Chronométrez-vous afin de respecter le temps imparti le jour de l'épreuve.

 # exo
S'exercer à l'oral
foucherconnect.fr/21rhc72

Ensuite, réécrivez votre contenu en ne notant que les grandes lignes ou les mots-clés, sous forme de liste, et entraînez-vous à nouveau à voix haute jusqu'à le connaître parfaitement, sans avoir besoin de notes.

Il ne s'agit pas de réciter sa présentation, mais plutôt d'en maîtriser les grandes lignes.

Nos derniers conseils

J – 1

- Pas de révision de dernière minute !
- Faites du sport pour décompresser et penser à autre chose.
- Couchez-vous relativement tôt, en évitant les excitants, pour bénéficier d'une bonne nuit de sommeil.
- Préparez vos affaires pour le lendemain : tenue, convocation, pièce d'identité, stylos, etc.

Jour J

- Mangez équilibré et vitaminé !
- Partez en avance pour vous rendre à l'examen.
- Vous êtes prêt, vous allez réussir !

Lexique

 # Lexico
Lexique interactif Genially
foucherconnect.fr/21rhc74

A

Abondement : versement de l'entreprise aux salariés, en complément de l'intéressement et de la participation aux résultats.

Accident du travail : accident survenu par le fait ou à l'occasion de l'activité professionnelle, quelle qu'en soit la cause.

Arbitrage : mode de résolution de conflit où l'on désigne un arbitre qui sera chargé de régler le litige. Les parties auront décidé en amont de se soumettre à la décision de l'arbitre et de s'y confronter.

Avantage particulier : rémunération indirecte comme les titres-restaurants, les aides familiales, le paiement des transports du personnel, etc., suivant les conventions et/ou accords collectifs de rattachement.

B

Base de données économiques et sociales (BDES) : document à destination des élus du CSE comportant toutes les informations relatives à la situation sociale, économique et financière de l'entreprise.

***Big data* :** ensembles de données si volumineux qu'ils dépassent l'intuition et les capacités humaines d'analyse ainsi que celles des outils informatiques classiques de gestion de base de données ou de l'information.

Bilan de compétences : dispositif qui permet au salarié de faire un point sur ses compétences, ses aptitudes et ses motivations afin de définir un projet professionnel ou un projet de formation cohérent.

Bilan social : document unique qui récapitule les principales données chiffrées permettant d'apprécier la situation de l'entreprise dans le domaine social.

Bourse à l'emploi : dispositif, propre à l'entreprise, de mise en relation entre les services à besoin de recrutement et ses salariés en recherche de mobilité professionnelle.

Bulletin de salaire : document détaillant le salaire.

C

Climat social : degré de satisfaction des salariés vis-à-vis de leur travail et de leur entreprise.

Cohésion : forte union entre les membres d'un groupe. La prise en charge du groupe par le management, le traitement des phénomènes d'influence et la prise de décision collective conduisent les membres de l'organisation à être unis.

Comité social et économique (CSE) : instance unique de représentation du personnel dans l'entreprise composée de l'employeur et d'une délégation élue du personnel.

Communication externe : toutes les actions de communication entreprises par une organisation auprès des parties prenantes qui lui sont extérieures, afin de construire son image et de valoriser ses activités.

Communication interne : échanges formels et informels d'informations entre les différents membres de l'organisation.

Compétences : ce que la personne maîtrise. Elles correspondent à une combinaison de savoirs (connaissances théoriques), de savoir-faire (techniques, méthodologiques…) et de savoir-être (comportements gestuels, relationnels…).

Complémentaire santé : contrat permettant une prise en charge complémentaire au régime de Sécurité sociale.

Compte personnel de formation : dispositif qui permet à un individu d'acquérir des droits à la formation mobilisables tout au long de son parcours professionnel.

Conditions de travail : cadre dans lequel le salarié effectue son travail (influencé par des facteurs physiques, environnementaux, organisationnels, sociaux et psychologiques).

Conflit : opposition, parfois violente, de pouvoirs, d'intérêts, d'identité, d'idéologie, entre plusieurs salariés.

Contrat à durée indéterminée (CDI) : contrat sans limitation de durée entre un employeur et un salarié.

Contrat de travail : acte réalisé entre l'employeur et le salarié. Celui-ci s'engage à réaliser une prestation de travail moyennant rémunération pour le compte et sous la direction d'une autre personne.

Coopération : entraide, participation à une action commune. La coopération est accompagnée par des dispositifs numériques au sein des organisations.

Cooptation : dispositif de recrutement permettant le parrainage de candidatures par les salariés de l'entreprise.

D

Dépassement de conflits : actions réalisées dans le but de résoudre le conflit et d'améliorer les relations professionnelles.

Dialogue social : négociations entre les organisations syndicales et patronales visant à définir les règles concernant la vie en entreprise.

Discrimination : fait de distinguer un groupe d'individus et de lui accorder un traitement moins favorable.

Durée du travail : dispositions relatives au temps de travail des salariés. En France, la durée légale pour un temps complet est fixée à 35 heures par semaine.

E

Employabilité : capacité d'un salarié à se mobiliser pour conserver ou évoluer dans un emploi ou dans une autre fonction.

Entretien à 360° : outil d'évaluation et de développement qui vise à déterminer les comportements, les compétences et les aptitudes d'un collaborateur par différents acteurs (supérieurs hiérarchiques, pairs, partenaires externes, partenaires internes, subordonnés et lui-même).

Entretien annuel d'évaluation : entretien réalisé avec le manager et le salarié afin de dresser le bilan de l'année écoulée et de fixer les objectifs pour l'année suivante. Les formations nécessaires pour atteindre ces objectifs sont également évoquées durant cet entretien.

Entretien professionnel : entretien obligatoire qui a lieu tous les deux et qui permet au collaborateur de passer en revue son parcours professionnel, d'identifier son projet professionnel et de l'accompagner à travers un plan d'action.

Épargne salariale : dispositif mis en œuvre par une entreprise pour permettre à ses salariés de se constituer un patrimoine ou une retraite complémentaire.

e-recrutement : utilisation d'Internet pour le recrutement.

Ergonomie : adaptation d'un environnement au salarié pour réduire certains risques liés aux conditions de travail (bruits, luminosité, gestes répétitifs, charges lourdes…).

Évaluation : action permettant de déterminer la valeur d'un individu.

Expérience : ensemble des situations vécues à l'intérieur ou à l'extérieur de l'entreprise. L'expérience est source d'apprentissage théorique, pratique et relationnel.

F – H

Fidélisation : volonté de l'organisation de mettre en place un environnement qui maintienne durablement l'attachement de ses salariés à elle-même. Cette relation d'attachement durable et constant est basée sur des valeurs communes et la réponse aux exigences des salariés.

Fonds commun de placement entreprise (FCPE) : supports possibles d'investissement de l'épargne salariale.

Formes de rémunération collective : compléments de rémunération non substituable au salaire visant à associer les salariés aux résultats de l'entreprise (intéressement, participation, épargne salariale).

Gestion prévisionnelle des emplois et des compétences (GPEC) : démarche prospective évaluant les besoins en ressources humaines sur les plans quantitatif et qualitatif, et qui permet d'adapter à court et à moyen terme les effectifs et les compétences aux besoins de l'organisation.

Grève : cessation collective et concertée du travail en vue de défendre des intérêts professionnels.

***Hard skills* :** compétences techniques (« dures ») acquises au moyen de formations ou au fur et à mesure des différentes expériences professionnelles. Ces compétences sont facilement identifiables et mesurables.

Harcèlement : conduite abusive qui, par des gestes, paroles, comportements, attitudes répétés ou systématiques, vise ou conduit à dégrader les conditions de vie ou de travail d'une personne.

I

Indicateur de performance : instrument de mesure permettant à une organisation d'évaluer sa performance dans un domaine précis.

Individualisation de la rémunération : rémunération se composant d'une partie fixe, liée à la qualification et à la classification des emplois de la convention collective de rattachement, et d'une part variable liée aux performances du salarié ou d'une équipe pour reconnaître et valoriser les individus au travail.

Intéressement : prime liée à la performance de l'entreprise.

Intérim (ou travail intérimaire ou travail temporaire) : forme de travail qui consiste à mettre à disposition provisoire d'entreprises clientes des salariés qui, en fonction d'une rémunération convenue, sont embauchés et rémunérés à cet effet par l'entreprise de travail temporaire.

Intranet : réseau informatique privé utilisé par les employés d'une entreprise ou de toute autre entité organisationnelle et qui utilise les mêmes protocoles qu'Internet.

M – O

***Mad skills* :** aptitudes ou compétences « folles » que l'on peut déduire de la pratique d'un sport, d'une passion, d'un loisir, etc. et qui peuvent être transposées dans le cadre du travail.

Maladie professionnelle : maladie qui résulte de l'exposition à un risque auquel est exposée une personne à son poste de travail.

Marque employeur : image de l'organisation auprès de ses salariés et des candidats potentiels.

Médiation : mode de résolution de conflit qui consiste à faire appel à une personne extérieure au litige afin de trouver un compromis et une solution commune au problème.

Mobilité : mouvement choisi ou subi vécu par le salarié au cours de son parcours professionnel.

Motivation : ensemble d'efforts physiques, mentaux et intellectuels déployés sur le long terme pour atteindre un objectif.

Négociation collective : forme du dialogue social qui permet d'adapter les règles du Code du travail aux spécificités et aux besoins de l'entreprise.

***Onboarding* :** processus qui consiste à mettre en place des actions pour faciliter l'intégration de nouveaux salariés.

Outils collaboratifs : outils de travail en ligne et en réseau permettant le partage d'informations en temps réel, le stockage d'informations et leur diffusion *via* Internet. Exemple : cloud, agenda, etc. Ces outils peuvent être fournis par des prestataires externes.

P

Parcours professionnel : ensemble des étapes choisies ou subies qu'une personne connaît tout au long de sa vie professionnelle.

Partenaires sociaux : représentants des principaux syndicats de salariés et des principales organisations patronales.

Participation aux résultats : prime calculée à partir du montant des bénéfices réalisés.

Performance : mesure des résultats qu'une personne atteint. Permet d'apprécier l'atteinte d'objectifs, préalablement définis et mesurables.

Performance sociale : résultats quantitatifs et qualitatifs obtenus par une organisation en matière de gestion de ses ressources humaines par rapport aux objectifs fixés.

Plan de développement des compétences : dispositif obligatoire qui recense l'ensemble des actions de formation mises en place par l'employeur pour ses salariés.

Portage salarial : relation contractuelle tripartite dans laquelle un salarié porté d'une entreprise de portage salarial effectue une prestation pour le compte d'une entreprises cliente. D'une part, un contrat de travail est établi entre le salarié porté et l'entreprise de portage salarial. D'autre part, un contrat commercial est établi entre l'entreprise de portage salarial et l'entreprise cliente.

Potentiel : ensemble des dispositions personnelles encore incomplètement exploitées et qui permettent à une personne d'évoluer vers d'autres fonctions ou d'autres métiers. Le potentiel peut permettre à une personne d'évoluer ou de s'orienter vers de nouvelles missions et responsabilités.

Prime collective : rémunération intervenant en plus du salaire de base qui valorise les résultats de l'équipe dans son ensemble.

Prime individuelle : rémunération intervenant en plus du salaire de base qui a pour objectif de récompenser le résultat du travail d'un salarié. Cette prime peut être fixe ou variable.

Projet de transition professionnelle : dispositif qui permet au salarié de s'absenter afin de suivre une formation certifiante lui permettant de changer de métier ou de profession tout en conservant son niveau de rémunération pendant toute la durée de l'action de formation.

Q - R

Qualification : aptitude d'une personne à occuper un emploi donné, regroupant un ensemble de capacités, savoirs et savoir-faire. Les qualifications sont généralement reconnues par un diplôme, une certification ou un titre qui attestent un niveau de formation requis pour l'accès à l'emploi.

Qualité de vie au travail : ensemble d'actions (évolution professionnelle, conditions de travail, égalité femmes/hommes) visant à améliorer le bien-être des salariés.

Recrutement : ensemble des démarches entreprises pour trouver et intégrer un nouveau salarié comblant les besoins d'une organisation.

Relations professionnelles : ensemble des interactions existant entre les membres de l'entreprise et qui peuvent déboucher sur un climat social apaisé ou conflictuel.

Rémunération : salaire et autres éléments versés par l'employeur.

Réseau social d'entreprise : réseau social interne à l'entreprise favorisant la communication interne de façon instantanée et le travail collaboratif par création de groupes de projets.

Responsabilité sociétale de l'entreprise (RSE) : prise en compte par une entreprise des effets de son activité sur son environnement et la société en réalisant des actions sur des volets sociaux, économiques et environnementaux.

Ressources humaines : ensemble des acteurs participant au projet d'une organisation. Le terme « ressources » met l'accent sur le fait que les organisations détiennent de véritables actifs, créateurs de richesses et à valoriser, notamment grâce à la fonction « gestion des ressources humaines ».

Risque professionnel : ensemble des menaces pour la santé et la sécurité physiques et mentales des salariés trouvant son origine dans l'exercice d'une activité de travail.

Risques psychosociaux : risques pour la santé physique et mentale des travailleurs qui peuvent être induits par l'activité elle-même ou générés par l'organisation et les relations de travail.

S

Salaire : contrepartie du travail réalisé par le salarié.

***Soft skills* :** aptitudes et qualités personnelles qui reposent sur l'intelligence relationnelle et émotionnelle (compétences « douces »).

Syndicat : organisation sans but lucratif dont l'objectif est de défendre les droits et les intérêts des personnes mentionnées dans ses statuts.

Système d'information des ressources humaines (SIRH) : système qui permet de gérer et d'automatiser la majeure partie des tâches liées à la gestion des ressources humaines dans une entreprise (recrutement, paye, carrière, etc.).

T - V

Tableau de bord social : outil de pilotage constitué d'indicateurs de mesure de la situation au niveau de la gestion des ressources humaines. Il favorise l'identification et l'analyse des dysfonctionnements et la recherche de solutions.

Troubles musculosquelettiques (TMS) : maladie professionnelle touchant les articulations, les tendons, les muscles souvent développée à l'occasion d'une activité professionnelle répétitive.

Turnover : renouvellement des effectifs, à la suite de recrutements et de départs du personnel. C'est un des indicateurs reflétant la qualité de la politique RH mise en œuvre.

Validation des acquis de l'expérience (VAE) : la validation des acquis de l'expérience permet à toute personne ayant exercé une activité professionnelle d'obtenir une certification ou un diplôme afin d'évoluer professionnellement.

Crédits photographiques

p. 13 ph© WrightStudio - stock.adobe.com
p. 49_1 ph© elenabsl - stock.adobe.com
p. 49_2 ph© Good Studio - stock.adobe.com
p. 49_3 ph© elenabsl - stock.adobe.com
p. 49_4 ph© happiestsim - stock.adobe.com
p. 49_5 ph© topvectors - stock.adobe.com
p. 49_6 ph© Marcus Phoenix - stock.adobe.com
p. 54 ph© Marina Andrejchenko - stock.adobe.com
p. 56_1 ph© Tartila - stock.adobe.com
p. 56_2 ph© Good Studio - stock.adobe.com
p. 56_3 ph© Good Studio - stock.adobe.com
p. 56_4 ph© Natty - stock.adobe.com
p. 56_5 ph© Good Studio - stock.adobe.com
p. 57 ph© WavebreakMediaMicro - stock.adobe.com
p. 59_1 ph© jeson - stock.adobe.com
p. 59_2 ph© Creativa Images - stock.adobe.com
p. 59_3 ph© Siripatwongpin - stock.adobe.com
p. 59_4 ph© Good Studio - stock.adobe.com
p. 62 ph © Mikhail Olykainen - stock.adobe.com
p. 63 ph© Jacob Lund - stock.adobe.com
p. 72 ph© Seventyfour - stock.adobe.com
p. 73 ph© gpointstudio - stock.adobe.com
p. 86 ph© NDABCREATIVITY - stock.adobe.com
p. 89_1 ph© Ngampol - stock.adobe.com
p. 89_2 ph© Studio Romantic - stock.adobe.com
p. 89_3 ph© Andrey Popov - stock.adobe.com
p. 89_4 ph© fizkes - stock.adobe.com
p. 89_5 ph© ra2 studio - stock.adobe.com
p. 108_1 ph© Good Studio - stock.adobe.com
p. 108_2 ph© Ksenia - stock.adobe.com
p. 108_3 ph© Good Studio - stock.adobe.com
p. 108_4 ph© Rawpixel.com - stock.adobe.com
p. 119 ph© Web Buttons Inc - stock.adobe.com
p. 122 ph© Tartila - stock.adobe.com

Mise en pages et infographies : STDI
Maquette : Primo&Primo
Illustratrice : Valentine Choquet

SB-MB/VO

PAPIER À BASE DE FIBRES CERTIFIÉES

FOUCHER s'engage pour l'environnement en réduisant l'empreinte carbone de ses livres. Celle de cet exemplaire est de : 1.1 kg éq. CO_2
Rendez-vous sur www.editions-foucher-durable.fr

Achevé d'imprimer en Italie par Grafica Veneta S.p.A. - Dépôt légal n° 16232-1/01 - Avril 2021